JN272539

トラブルを防ぐ！
パート・アルバイト雇用の法律 Q&A

特定社会保険労務士　人事コンサルタント
小岩広宣・山野陽子 著

同文舘出版

はじめに

今では、日本の雇用者（従業員）の4割が、非正規社員です。パートや契約社員等が一人もいないという事業所は、2割に過ぎません（2010年、就業形態の多様化に関する総合実態調査）。飲食、接客、医療・介護業界などでは、非正規社員の存在なくしては、事業自体が成り立ちませんし、専門職や職人さんなど、個人業を営んでいる人が最初に人を雇用するときも、パートやアルバイトという場合が多いでしょう。

パートやアルバイト、契約社員は、正社員と何が違うのでしょうか？会社から見ると、非正規社員は正社員よりもコスト（給料）が抑えられると思われがちですが、もちろん、それだけではありません。

大まかに整理するなら、①役割、②採用の難しさ、③保険加入の義務、④解雇・雇止めの難しさ、といった点が、主な相違点です（6ページの表を参照）。能力や会社との関係性では正社員に軍配が上がりますが、それ以外の点では非正規社員を雇用するメリットも大きいですね。

非正規社員をうまく活用することで、コストの問題だけでなく、即戦力の採用や期間限定の雇用、短時間勤務や高齢者雇用による社会保険料の軽減など、会社が抱える多くの問題を解決することが可能になります。

ひとくちに非正規社員といっても、パート、アルバイト、契約社員、派遣社員……、それぞれ異なる特徴があるので、最初に予備知識を持っておくことがとても大切です。

ところが……。決して、忘れてはならないことがあります！

それは、非正規社員を雇用することのリスクは、あなたが思っている以上に大きいということです。

パートは、契約書さえ交わせば、特に採用の手続きは不要だと思っていませんか？

契約社員は、契約期間が満了すれば、当然に退職になると思っていませんか？

アルバイトは、顧客からのクレームが相次ぐようなら、簡単に辞めさせられると思っていませんか？

派遣社員は、あくまで派遣会社の従業員だから、あなたの会社がトラブルに巻き込まれることはないと思っていませんか？

外注契約を結んでいる請負さんから、労使交渉を要求されることなんてないと思っていませんか？

答えは、いずれも「NO」です！

あるお店では、パートの異動をめぐるトラブルから、150万円もの金額を請求されました。

ある会社では、契約社員の雇止めから紛争に発展し、厳しい経営状態にもかかわらず、引き続き雇用せざるを得ない状況になりました。

また、ある個人事業主は、たった1人のアルバイトの解雇問題で、廃業一歩手前の危機にまで追い込まれました。

私たちのもとには、毎日のようにこんな経営者からの相談があります。**もはや、「正社員を雇用するのは大変だけど、パートや契約社員なら気軽に雇える」という時代ではない**のです。

会社が非正規社員を雇用するのは、さまざまな立場の従業員の力を結集して事業の成長・発展をはかり、ひいては従業員自身の幸せを実現させるためだと思います。

それが、結果的にかつての「会社VS正社員（労働組合）」の構図のような、深刻な労使トラブルに発展するのだとしたら、これほど残念なことはありません。

「非正規社員を雇用する経営者の方々に、会社を守る上での最低限の知識とノウハウをお伝えしたい」。これが、私たちがこの本を執筆したいと思った動機なのです。

私の会社では、年間100社を超える企業の非正規社員にまつわる相談に関わり、さまざまな

業界から寄せられる事案の解決にあたっています。パート、アルバイト、契約社員などの労務とリスクマネジメントに特化しているという点では、全国的にもめずらしい専門家集団だと思います。

非正規社員を活用する会社で、うまくいっている会社には共通点があります。

それは、**必ず正社員とは異なる雇用のルールを作っている**ということ。決して、パートや契約社員だからといって、軽く考えていることはありません。

パートのための採用書式を整備する。アルバイトを懲戒するためのルールを作る。契約社員を雇止めする場合の手続きを明確にする。その上で、非正規社員ならではの労務管理、モチベーションアップのための仕組みを導入していく。

これらのことは、非正規社員を雇用する側には、必須の条件だといってもいいでしょう。

この本では、実際に私たちに寄せられる質問の中から、最も多いテーマに絞って、30のQ&Aにまとめました。従業員数1〜150人の規模の会社で起こりがちなトラブルとその対応方法について、簡潔に整理しています。

日々のやりとりの中で、「もう少し早く言ってくれたらよかったのに……」と感じるケースも、本当に多いのです。ぜひ、あなたの会社の雇用管理に役立ててください。

最後に、この本の構成について、ご説明します。

30のQ&Aを「労働時間」「給与」「退職」など10のテーマに分類して、それぞれ3話ずつ見開き読み切りの形式で解説しています。

第1章の入社から第8章の解雇までは、非正規社員が活躍する職場で起こりがちなトラブルについてまとめています。続く第9章では、採用や選考について注意すべきポイント、最後の10章では、派遣や請負をめぐる最近の紛争事例について解説しています。

項目ごとにチャートと書式を使って視覚的に説明していますので、どこから読んでも気軽にすぐに必要な知識に触れていただけるはずです。

「最悪はこうなってしまう！」の項目では、会社が背負うリスクを3段階のアイコンでわかりやすく表示しています。

また、本文に掲載した30の書式はいずれもダウンロードすることが可能ですので、即実務に活用することができます。

この本が、非正規社員と向き合うあなたのお役に立ち、トラブルの予防や解決につながることを心より願っています。

2012年8月

特定社会保険労務士　小岩　広宣

非正規社員と正社員 雇用形態別のメリット・デメリット

	主な役割	採用	保険加入	解雇・雇止め
正社員	雇用期間の定めのない従業員（幹部候補、基幹人材）	× 手間と時間がかかる	×	×
契約社員	雇用期間の定めのある従業員（期間的業務）	○	△	○
パート	正社員よりも所定労働時間が短い従業員（定型業務）	◎	○ 社会保険は4分の3以上	○
アルバイト	学生など臨時で仕事をする従業員（補助業務）	◎	○	△
嘱託	定年後も引き続き会社と雇用契約を結ぶ従業員（熟練業務）	○ 該当者がいれば	△ 厚生年金は70歳まで	○
日雇	日々もしくは30日以内の契約で仕事をする従業員（スポット業務）	△	○	◎
派遣社員	派遣会社に雇用される従業員が、派遣先の指揮命令を受けて仕事をする（スキル重視）	◎	◎ 派遣元で加入	◎
業務委託 （業務請負）	委託先の発注に基づいて、個人事業主として仕事をする（スキル重視）	△ 契約関係が難しい	◎ 労働者ではない	◎

本書の使い方

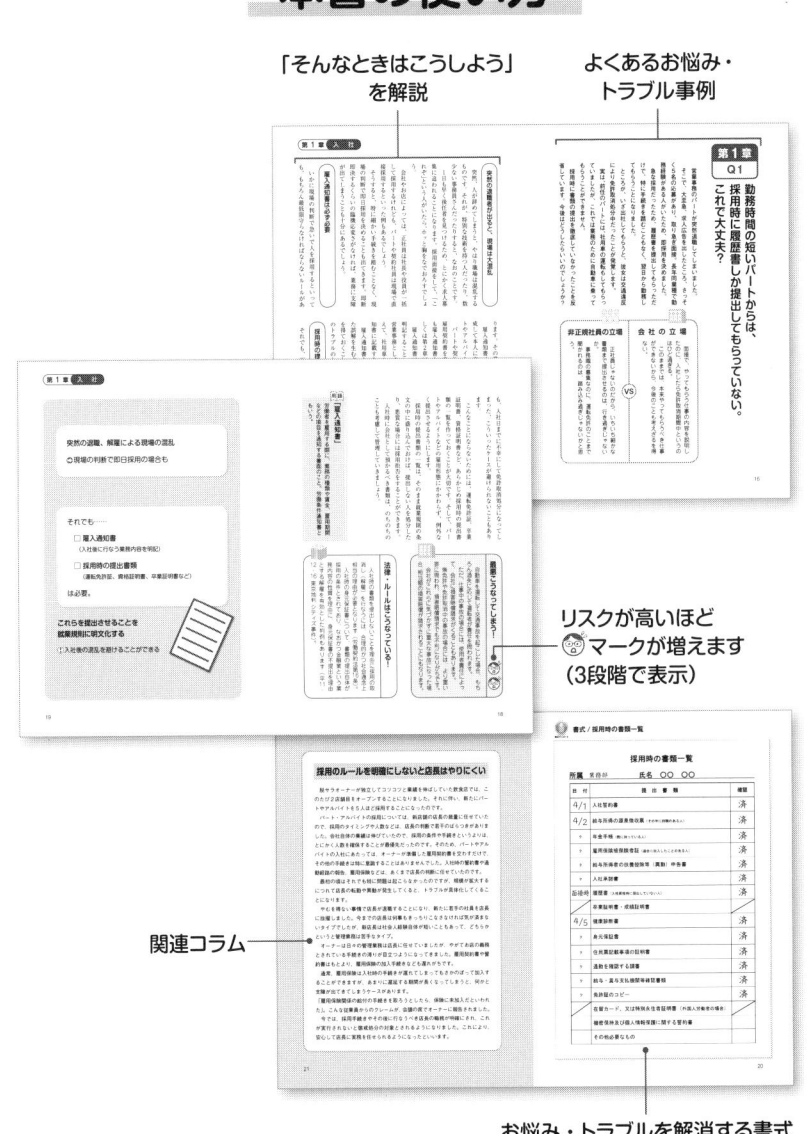

「そんなときはこうしよう」を解説

よくあるお悩み・トラブル事例

リスクが高いほど😥マークが増えます
（3段階で表示）

関連コラム

お悩み・トラブルを解消する書式
（ダウンロード可）

「パート・アルバイトの書式モデル」
特典ダウンロードのご案内

読者特典の「パート・アルバイトの書式モデル」ダウンロードは、以下の著者ホームページから、手順に従って行なってください。

社会保険労務士法人ナデック　ホームページ

http://www.nudec.jp/

ダウンロード用パスワード

8arn6ec0pu3dt

- 本書は、特記したものを除き、平成24年8月15日現在の法律に基づいて作成しております。
- 本書の内容については、正確性を慎重に検討した上で記述いたしましたが、万が一、誤りや誤植などがありましても、責任は負いかねますので、ご了承ください。
- 本書の内容に関するお問い合わせは、社会保険労務士法人ナデックまでお願いいたします。

トラブルを防ぐ！パート・アルバイト雇用の法律Q&A　もくじ

はじめに

非正規社員と正社員 雇用形態別のメリット・デメリット

第1章 入社
最低限の仕組みを整えてから、新しいメンバーを受け入れよう

Q1 勤務時間の短いパートからは、採用時に履歴書しか提出してもらっていない。これで大丈夫？……16
書式　採用時の書類一覧

Q2 会社の機密を守るため、採用時には誓約書をもらいたい。どんな内容のものがいい？……22
書式　入社誓約書

Q3 「雇用保険にだけ入り、社会保険には入りたくない」と主張するパートがいる。そんなことは認められる？……28
書式　雇用保険、社会保険加入シート

第2章 雇用契約
のちのちトラブルを起こさないための契約を交わそう

Q4 採用後のトラブルが多いので、面接時に細かく労働条件を伝えるようにしている。
書式 労働条件通知書（パートタイム労働法対応） 36

Q5 フルタイムで働き、今までに3回契約更新しているパートがいる。今後、更新手続きは省略できる？
書式 雇用契約書 42

Q6 かつて当社に在籍していた者を、派遣社員として受け入れたい。どんな点に注意すべき？
書式 派遣先通知書 48

第3章 給与
フェアなルールをつくって、給料を支払おう

Q7 給与は「現金で支給してほしい」というパートがいる。会社としては、どうすればいい？
書式 給与振込先届出書 56

Q8 「会社指定の通勤ルートではイヤだ」と言われた。会社は、どう対応すべき？
書式 通勤手当申請書 62

Q9 パートに50円の昇給を行なったが、あまり喜んでくれない。やはり書面で伝えたほうがいい？
書式 昇給通知書 68

第4章 労働時間
職場全体にメリットがある方法で、残業を指示しよう

Q⑩ 毎日、2時間以上残業をしてしまっている契約社員がいる。残業を減らすためには、どうすればいい？ ……76
書式　時間外勤務申請書

Q⑪ 仕事量が増えたので、シフト制の交代勤務をさせたい。どのような手続きが必要？ ……82
書式　変形労働時間制協定書

Q⑫ 機密保持のため、昼休みには外出してほしくない。従業員には社内で昼食をとってもらえばいい？ ……88
書式　外出願（届）

第5章 休日・休暇
やる気を高めるために、休暇制度を整えよう

Q⑬ 子どもの入学式に出るために、半日の有給休暇を取りたいという申し出があった。会社としては、どうすればいい？ ……96
書式　年次有給休暇申請書

Q⑭ 今度結婚するパートから、1週間ほど休暇を取りたいという希望があった。どうすればいい？ ……102
書式　特別休暇願

Q⑮ 出産を控えている女性パートから、育児休業の請求があった。手続きはどうすればいい？ ……108
書式　育児休業申出書

第6章 服務・懲戒
不真面目な人には毅然と対処するためのルールを作ろう

Q16 勤務態度が悪く、上司に反抗的な態度をとるアルバイトがいる。規律を正すには、どうすればいい？ …… 116
書式　懲戒規定例

Q17 1週間以上も無断欠勤が続いている契約社員がいる。トラブルなく懲戒処分を与えるには、どうしたらいい？ …… 122
書式　懲戒処分通知書

Q18 契約社員がマイカーで仕事中に、誰かに車を傷付けられてしまった。会社には支払い義務がある？ …… 128
書式　私有車業務使用許可申請書

第7章 退職
従業員と揉めないための退職のルールを作ろう

Q19 長年勤めていたパートが家庭の事情で退職することになった。退職の申し出は口頭で受けつけてもいい？ …… 136
書式　退職願

Q20 売上が50％もダウンしてしまったので、契約社員を期間満了で雇止めとしたい。どのような手続きが必要？ …… 142
書式　雇止通知書

Q21 うつ病によって休職していた嘱託社員が、休職期間の満了を迎えることになった。トラブルなく退職してもらうには、どうすればいい？ …… 148
書式　休職期間満了通知

第8章 解雇
いざというときのための解雇のルールを作ろう

Q22 協調性のないアルバイトを解雇したい。トラブルを起こさないためには、どのような手続きが必要？
書式 解雇通知書（懲戒解雇） …… 156

Q23 取引先が次々に倒産してしまい、売上が3分の1になってしまった。やむなく契約社員を解雇するには、どのような手続きが必要？
書式 解雇通知書（整理解雇） …… 162

Q24 解雇したパートから、「解雇の理由について教えてほしい」という連絡がきた。揉めないためには、どうすればいい？
書式 退職証明書 …… 168

第9章 採用・選考
職場に必要な人をしっかり見極めよう

Q25 ハローワークに求人を出しても、なかなか思うような人が応募してこない。効果的に求人を出すためには、どうしたらいい？
書式 効果的な求人広告の例 …… 176

Q26 採用面接で「この人ならいける！」と思っても、数週間で辞めてしまい困っている。悔いのない面接選考を行なうには、どんな点に気をつけたらいい？
書式 面接シート …… 182

Q27 何回かパートを採用しているが、なかなか定着してくれない。適性検査をやってみたいけど、何から始めたらいい？
書式 適性検査 …… 188

第10章 派遣・請負
派遣や請負の活用方法を知ろう

Q28 派遣社員を受け入れることにしたが、給料や仕事内容をあれこれ聞かれて困っている。どう対応すればいい？ ……196
書式 就業条件明示書

Q29 取引先から「偽装請負ではないか」という指摘を受けて困っている。どのように改善したらいい？ ……202
書式 適正な「請負」のためのチェックシート

Q30 個人請負の職人さんに仕事をお願いしているが、役所から実態を問われた。どのように対応すればいい？ ……208
書式 個人請負性のチェックシート

付録 ……214
おわりに

カバーデザイン　三枝未央
本文デザイン・DTP　上筋英彌（アップライン）

第 1 章

入社

最低限の仕組みを整えてから、新しいメンバーを受け入れよう

第1章 Q1

勤務時間の短いパートからは、採用時に履歴書しか提出してもらっていない。これで大丈夫?

営業事務のパートが突然退職してしまいました。

そこで、大至急、求人広告を出したところ、さっそく5名の応募があり、取り急ぎ面接。長年同業種で勤務経験がある人がいたため、即採用を決めました。急な採用だったため、履歴書を提出してもらっただけで、特に手続きを踏むこともなく、翌日から勤務してもらうことになりました。

ところが、いざ出社してもらうと、彼女は交通違反により免許取消処分中だったことが発覚します。実は、前任のパートには、社用車の運転もしてもらっていましたが、これでは業務のために自動車に乗ってもらうことができません。

採用時に書類の提出を徹底していなかったことを反省しています。今後はどうしたらいいのでしょうか?

会社の立場

面接で、やってもらう仕事の内容を説明したのに、入社したら免許取消期間中というのはひど過ぎる。

このままでは、本来やってもらうべき仕事ができないから、今後のことも考えざるを得ない。

vs

非正規社員の立場

正社員じゃないのだから、いちいち細かな書類まで提出させるのは、行き過ぎじゃないか。

事務職の募集なのに、運転免許のことまで聞かれるのは、踏み込み過ぎじゃないかと思う。

第1章 入社

突然の退職者が出ると、現場は大混乱

突然、人が辞めてしまうと、やはり職場は混乱するものです。それが、特別な技術を持つ人だったり、数少ない事務員さんだったりすると、なおのことです。1日も早く後任者を見つけるため、とにかく求人募集に追われることになります。採用面接をして、「これぞ」という人がいたら、ホッと胸をなでおろすでしょう。

会社やお店によっては、正社員は社長や役員が一括して採用するけれども、パートや契約社員は現場で直接採用するといった例もあるでしょう。

そうすると、特に細かい手続きを踏むことなく、現場の判断で即日採用を決めることも出てきます。即断即決するくらいの臨機応変さがなければ、業務に支障が出てしまうことも十分にあるでしょう。

雇入通知書は必ず必要

いかに現場の判断で急いで人を採用するといっても、もちろん最低限守らなければならないルールがあります。その最たるものが、雇入通知書です。

雇入通知書は、従業員を採用するときには、必ず作成して本人に交付しなければなりません。これは、パートやアルバイトでも、もちろん同じです。

パートや契約社員などでは、雇入通知書の代わりに雇用契約書を交わすことも多いですが、いずれにしても雇入通知書か雇用契約書のどちらかは必要です（詳しくは第2章）。

雇入通知書には、入社後に実際に行なう業務内容を明記することが義務づけられています。この場合は、営業事務として行なう電話応対や書類作成の業務に加えて、社用車の移動や管理の業務についても、雇入通知書に記載するようにします。

雇入通知書を交付するのは入社時ですが、こういった誤解を生む点については面接時にも説明して、同意を得ておくことが大切です。そうすることで、入社後のトラブルのかなりの部分は、避けることができます。

採用時の提出書類一覧を作っておこう

それでも、面接時には運転免許を持っていたけれど

も、入社日までに不幸にして免許取消処分になってしまった、こういったケースが避けられないこともあります。

こんなことにならないためには、運転免許証、卒業証明書、資格証明書などの一覧を作っておくことが大切です。そして、パートやアルバイトなどの雇用形態にかかわらず、例外なく提出させるようにします。

採用時の提出書類の一覧は、そのまま就業規則の条文の中に盛り込んでおけば、提出しない人を処分したり、悪質な場合には採用拒否をすることができます。

入社時に会社として預かるべき書類は、のちのちのことも考慮して管理していきましょう。

用語 「雇入通知書」

労働者を雇用する際に、業務の種類や賃金、雇用期間などの項目を通知する書面のこと。労働条件通知書ともいう。

最悪こうなってしまう！

自動車を運転して交通事故を起こした場合、もちろん過失に応じて運転者が責任を問われます。

ただ、仕事中の事故の場合には、使用者責任によって、会社に損害賠償請求がくることもあります。

無免許や免許取消中の事故の場合には、より重い罪に問われ、損害賠償請求でも不利になりがちです。

会社がこれらに気づかずに重大な事故になった場合、相当額の損害賠償が請求されることにもなります。

法律・ルールはこうなっている！

入社時の書類を提出しないことを理由に採用の取消し（解雇）を行なうには、合理的かつ社会通念上相当の理由が必要となります（労働契約法第16条）。

入社時の身元保証書について、書類の提出自体が採用の条件とされており、なおかつ金融業という業務内容の性質を理由に、身元保証書の不提出を理由とする解雇を有効とした判例もあります（平11・12・16東京地判 シティズ事件）。

18

第1章 入　社

突然の退職、解雇による現場の混乱

➡ 現場の判断で即日採用の場合も

それでも……

☐ **雇入通知書**
　（入社後に行なう業務内容を明記）

☐ **採用時の提出書類**
　（運転免許証、資格証明書、卒業証明書など）

は必要。

**これらを提出させることを
就業規則に明文化する**

❗ 入社後の混乱を避けることができる

書式 / 採用時の書類一覧

採用時の書類一覧

所属 業務部　　**氏名** ○○　○○

日付	提出書類	確認
4/1	入社誓約書	済
4/2	給与所得の源泉徴収票（その年に前職のある人）	済
〃	年金手帳（既に持っている人）	済
〃	雇用保険被保険者証（過去に加入したことのある人）	済
〃	給与所得者の扶養控除等（異動）申告書	済
〃	入社承諾書	済
面接時	履歴書（入社面接時に提出していない人）	済
	卒業証明書・成績証明書	
4/5	健康診断書	済
〃	身元保証書	済
〃	住民票記載事項の証明書	済
〃	通勤を確認する調書	済
〃	給与・賞与支払機関等確認書類	済
〃	免許証のコピー	済
	在留カード、又は特別永住者証明書（外国人労働者の場合）	
	機密保持及び個人情報保護に関する誓約書	
	その他必要なもの	

採用のルールを明確にしないと店長はやりにくい

　脱サラオーナーが独立してコツコツと業績を伸ばしていた飲食店では、このたび2店舗目をオープンすることになりました。それに伴い、新たにパートやアルバイトを5人ほど採用することになったのです。

　パート・アルバイトの採用については、新店舗の店長の裁量に任せていたので、採用のタイミングや人数などは、店長の判断で若干のばらつきがありました。会社自体の業績は伸びていたので、採用の条件や手続きというよりは、とにかく人数を確保することが最優先だったのです。そのため、パートやアルバイトの入社にあたっては、オーナーが準備した雇入通知書を渡すだけで、その他の手続きは特に意識することはありませんでした。入社時の誓約書や通勤経路の報告、雇用保険などは、あくまで店長の判断に任せていたのです。

　最初の頃はそれでも特に問題は起こらなかったのですが、規模が拡大するにつれて店長の転勤や異動が発生してくると、トラブルが具体化してくることになります。

　やむを得ない事情で店長が退職することになり、新たに若手の社員を店長に抜擢しました。今までの店長は何事もきっちりこなさなければ気が済まないタイプでしたが、新店長は社会人経験自体が短いこともあって、どちらかというと管理業務は苦手なタイプ。

　オーナーは日々の管理業務は店長に任せていましたが、やがてお店の義務とされている手続きの滞りが目立つようになってきました。雇入通知書や誓約書はもとより、雇用保険の加入手続きなども遅れがちです。

　通常、雇用保険は入社時の手続きが遅れてしまってもさかのぼって加入することができますが、あまりに遅延する期間が長くなってしまうと、何かと支障が出てきてしまうケースがあります。

　「雇用保険関係の給付の手続きを取ろうとしたら、保険に未加入だといわれた」。こんな従業員からのクレームが、会議の席でオーナーに報告されました。

　今では、採用手続きやその後に行なうべき店長の職務が明確にされ、これが実行されないと懲戒処分の対象とされるようになりました。これにより、安心して店長に実務を任せられるようになったといいます。

第1章 Q2

会社の機密を守るため、採用時には誓約書をもらいたい。どんな内容のものがいい？

管理部のAさんには、契約社員として顧客情報の入力とメンテナンスをしてもらっています。勤務して今年で7年目となり、職場でも信頼される存在です。

ところが、ある日、事件が起こりました。Aさんが残業してパソコンに向かっていたとき、顧客データをメモリースティックに保存していたのを、同僚のBさんが目撃したのです。

何かの間違いだと思ったBさんは、思い切ってAさんに声をかけますが、業務に関わりなくデータを引き出していたのは、間違いありませんでした。Bさんはこっそり社長に報告しましたが、社長としても辛い思い。こんなことにならないよう、今後は機密保持についてもしっかりと誓約書を取っていきたいのですが。

会社の立場

会社が営業していく上での機密事項は、いわば会社の財産なので、万が一にも社外に漏れることがあっては困る。採用時には、機密保持の誓約書を交わして、従業員に心の緩みが出ないようにしていきたい。

VS

非正規社員の立場

正社員として働くわけでもないのに、入社時にいちいち誓約書を書かされるなんて、大げさだと思う。

あれもこれもしてはいけないなんて、まるで悪いことをしでかす人間と思われているようで、不愉快だ。

22

第1章　入　社

人となりを面接だけで見通すのは困難

会社やお店の立場からみて一番困るのが、顧客情報や営業機密などを外に漏らされることです。営業会社や販売店では顧客データ、工場や飲食店では製造機械やレシピが漏洩したのでは、商売になりません。

このため、採用面接では、まずその人となりをみます。まじめな人柄だろうか、口が堅い人だろうか、流されやすい性格ではないだろうか……。

でも面接だけでは、その人の本質まで見通すことは困難です。面接時には、あれほど信頼できる人だと思って採用したのに、わずか数か月にして、人間関係がおかしくなったり、信頼が失墜してしまったという話は、経営者の間ではよく聞くところです。

極端な例ですと「まさか、あいつが会社の機密を持ち出すとは思わなかった」ということにもなるのです。

こんな悲しいことにならないようにするためには、どうしたらいいのでしょうか？

誓約書を交わして抑止効果を狙おう

従業員との関係をしっかりと築こうと思うなら、やはり最初が肝心です。職場に慣れ切ってから、会社側があらたまって従業員と個別に接触するのは意外に難しく、場合によっては不安や不信を煽ることにもなります。

その意味では、入社時にしっかりとした誓約書を交わすのは、重要なポイントです。これから仕事を始めようという段階で、「会社の機密や個人情報はいっさい漏洩しない」という項目を盛り込んだ誓約書を交わしておくべきでしょう。

誓約書自体には、法的にはそれほど大きな効力はありません。誓約書があろうがなかろうが、重大な機密情報を漏らした従業員に対して、会社はもちろん損害賠償を請求することができます。

それでも、やはり入社時に署名・捺印して誓約書を交わすことで、従業員に心理的なプレッシャーを与えることができます。それ相応の抑止効果が期待できるといえるでしょう。

非正規社員に誓約書を提出してもらう意味

正社員ならともかく、パートや契約社員から誓約書を取るのは行き過ぎではないかという考え方もあります。でも、金銭を取り扱っている会社はいうまでもなく、営業や製造などの機密情報に触れる可能性のある会社では、非正規社員とも誓約書を交わすべきです。

会社と労働契約を交わした従業員には、そもそも信義則上の秘密保持義務があります。それを具体化させるための誓約書の提出を会社が求めることは、まったく問題がありません。

また、就業規則に入社時の提出書類のひとつとして誓約書を規定しておけば、従業員に提出義務が生じます。さらに抑止効果を高めることにつながるでしょう。

> 用語
> 「誓約書」
> 労働者が入社時に会社に提出する書類。就業規則を遵守し、会社に損害を与えた場合の責任等の事項を約束させるもの。

最悪こうなってしまう！

マスコミでもたびたび取り上げられているように、企業が扱う個人情報が漏洩すると、大きな社会問題になります。

仮に、1万人の情報が流出したときの損害賠償が1人1万円なら、1億円になります。多くの個人情報を取り扱う企業としては、恐ろしい金額です。さまざまな判例が出ていますが、その中には1人あたり3万円というものもあります。

法律・ルールはこうなっている！

機密保持について、誓約書を交わすことは有効ですが、あらかじめ損害賠償額を予定する内容の契約を交わすことはできません（労働基準法第16条）。

たとえば、「会社の備品（情報媒体など）を紛失したら、罰金○万円」とか、「機密情報を漏らしたら、×万円の損害賠償」という約束はできません。当然のことですが、実際に生じた損害額を請求することは、まったく差し支えありません。

第1章 入社

面接で人間性まで見通すことは難しい

➔ 万が一に備えた「誓約書」が必要

　例「会社の機密や個人情報はいっさい漏洩しない」

法的効果は万能ではないが、心理的プレッシャーになる

➔ 抑止効果になる

会社と労働契約を交わした労働者＝信義則上の秘密保持義務

➔ パート・アルバイトに誓約書の提出を求めても構わない

入 社 誓 約 書

株式会社Nプランニング
代表取締役　小山　一郎　　　　　殿

このたび、貴社に入社するにあたり、下記の事項を厳守することを誓約いたします。

記

1. 貴社の就業規則および関係規則を厳守し、上司の指示・命令に従い、他の従業員と協力して誠実に職務を遂行いたします。
2. 貴社の業務上の秘密事項については、在籍中はもとより退職後についても、決して他に漏らしません。
3. 貴社の名誉や信用を傷つけるような行為は、社内・社外と問わず、決していたしません。
4. 故意または重大な過失によって貴社に損害を与えたときは、たとえ退職後に発覚した場合であっても、その損害について賠償いたします。

以　上

平成〇年〇月〇日

住　　所　三重県鈴鹿市夢が丘一丁目23番地

氏　　名　〇〇　〇〇　　　　　　　　　　印

生年月日　昭和60年5月1日

誓約書と就業規則で機密情報の漏洩を防ぐ

　あるオフィス機器の販売会社では、今年初めて契約社員の営業マンを採用しました。業界の顧客リストをもとに新規開拓を行なう業務に従事させたところ、営業経験者であったこともあり、順調に成績を残すようになります。
　ところが、半年ほど経ったある日、事件が起こりました。契約社員の彼が、会社の顧客リストを外部に流出させたのです。部下からの報告に耳を疑った社長も、たしかな目撃者と彼自身が隠し持っていたメモリの存在により、不正行為を認めざるを得ませんでした。
　のちのち発覚したところによれば、彼は前職で知り合った同業他社の営業担当者と個人的に親しくしており、何度か会ううちに顧客リストのことが話題になったそうです。そして、軽はずみな気持ちでリストのデータを閲覧させたのです。
　会社は幹部会議で彼の処分について議論しましたが、話し合うまでもなく即刻に懲戒解雇すべきという意見で一致しました。ただ、「解雇予告手当を支払わずに即時解雇するためには、労働基準監督署の認定が必要なのでは」との声もあり、念のため監督署に確認することになりました。
　監督署に相談したところ、今回の出来事だけで無条件に懲戒解雇に踏み切るのは難しいこと、少なくとも解雇予告除外認定については、すぐに決定できる状況にないことが、告げられました。
　同時に、就業規則の懲戒や服務規律の項目の中に機密漏洩に関する規定がなかったこと、そして、就業規則自体が監督署に届け出られておらず、そもそも社内での周知も行なわれていなかったことが判明しました。このままでは懲戒解雇どころか、解雇することすら難しい。社長は、今までに同じような従業員の行為にあってきた経営者仲間に、アドバイスを求めました。
　「機密を漏らしたり不正を働いたとき、解雇できる就業規則を専門家に作ってもらうおくことが一番大切。それと、入社時にちゃんと誓約書をもらっておいたほうがいいよ」。
　これを機に、社長は入社時の誓約書を作り直し、すべての従業員から例外なく提出させることを徹底させるようになったといいます。

第1章 Q3

「雇用保険にだけ入り、社会保険には入りたくない」と主張するパートがいる。そんなことは認められる？

先日、友人の会社が社会保険の調査に入られたと聞きました。話によると、多数の従業員をさかのぼって加入させることになり、会社側の負担だけでも数百万円になったとか。

うちの会社では、もちろん正社員は全員、社会保険に加入していますが、パートについては稼働時間によって、加入している人とそうでない人がいます。

正社員の4分の3以上の勤務時間の人は、パートに入る必要があると聞いたので、当社でも来月から該当する人はパートでも加入させようと思っています。

ところが、新たに社会保険に加入させようと数名のパートと面談したところ、いずれも「手取りが減るから、絶対イヤだ」といって、譲りません。

会社としては、どうしたらいいのでしょうか？

会社の立場

パートとはいえ、ある程度の労働時間を働いてもらっているのだから、社会保険に入るのは当然だ。

保険料の半分は会社が負担しているのだから、むしろ歓迎してくれてもいいはずなのに、加入に反対するなんて信じられない。

非正規社員の立場

突然、社会保険に加入させるなんて、あまりにも唐突だと思う。それぞれ生活設計があるので、来月からといわれても困る。

ただでさえ安い給料なのに、社会保険料まで引かれたら生活できない。今まで加入していなかった会社にも責任があるのでは。

VS

28

第1章　入　社

社会保険の加入は当然の義務

社会保険への加入は、働く人の当然の義務であり、権利でもあります。これは、正社員だけでなく、パートでもアルバイトでも、まったく同じです。

世間では、パートが社会保険に加入するのがピンとこないという考えの人もいますが、当然のルールですから、これを守らない会社は、行政の調査や指導を受けるなど、大きなリスクを背負うことになります。

正社員と比べて、1週間の所定労働日数が4分の3以上であり、1か月の所定労働時間が4分の3以上の場合は、パートでも加入しなければなりません。

たとえば、正社員が1週40時間、1か月22日勤務の会社では、1週30時間、月17日勤務のパートは、社会保険に加入する義務があります。

従業員が加入に納得しないときは

最近はコンプライアンスの重要性が叫ばれていますから、ほとんどの経営者はもちろん最低限のルールを守りたいと思っています。ですから、本来は社会保険に入るべき人が入っていなかったことが発覚すれば、多くの人はすぐにも加入させたいと考えるでしょう。

でも、実際には従業員の理解が得られないことがあります。「手取りが少なくなっては、生活ができない」「会社のせいで今まで加入していなかったのに、納得がいかない」というのが、その場合の多くの主張です。

こうなると、会社は従業員を説得するのに骨が折れます。法律上の義務とはいえ、本人の納得がないままに加入させるのは、手続き上も困難が伴います。

主婦の人が社会保険に入ると、配偶者の扶養から外れることになり、新たに本人分の保険料を払うことになるため、難色を示す人も多いものです。

でも、現実的には、老後に受け取る厚生年金の金額が上積みされ、万が一、ケガや病気で入院したときの傷病手当金も受け取れます。

会社としては、これらの点を説明して、本人の理解を求めるべきでしょう。

やはり入社時の手続きがポイント

採用時に曖昧な説明や手続きをしてしまって、本来

29

は社会保険に入れるべき人を入れておかないと、後になって会社がとても困ることになります。

「社会保険には入りたくない」という人がいた場合は、1週30時間未満の短時間勤務になることを、あらかじめしっかり説明しておきましょう。

新たに入社する従業員には、「雇用保険、社会保険加入シート」に記入してもらうようにすれば、加入漏れや本人の理解不足を防ぐことができます。

パートであっても、「保険加入シート」を提出しない人は採用しないくらいの姿勢を持つべきです。

用語

「所定労働時間」
法定労働時間を越えない範囲で会社が定めた労働時間。労働基準法が定める「法定労働時間」とは異なる。

「傷病手当金」
健康保険から支給される給付のひとつ。ケガや病気で仕事ができなくなったとき、その間の生活保障をしてくれる制度。

最悪こうなってしまう！

月収10万円のパート3人が、社会保険に加入漏れしていたとします。厚生年金と協会けんぽの保険料は、月1万3000円程度になります（協会けんぽは都道府県で異なります）。

パート3人が2年間さかのぼって加入すると、1万3000円×24月×3人＝93万6000円なんと、パート1人分の人件費を大きく上回る保険料の負担が発生することになります。

法律・ルールはこうなっている！

現行の社会保険の適用範囲については、本文で述べた通りですが、平成24年8月に成立した「公的年金制度の財政基盤及び最低保障機能の強化等のための国民年金法等の一部を改正する法律」により、平成28年10月から、週所定20時間以上、賃金月額8万8000円以上、勤務期間1年以上（当面は従業員501人以上）の要件に拡大され、その後も検討が加えられた上で、順次拡大されていく予定です。

第1章　入社

社会保険への加入は当然の義務＝パート・アルバイトも同じ

【加入基準】
正社員と比べて……
- □ 1日または1週間の所定労働時間が4分の3以上
- □ 1ヶ月の所定労働日数が4分の3以上

⬇

ほとんどの経営者は、最低限のルールを守りたいと思っている

しかし、実際には従業員の納得が得られないケースも……

「手取りが少なくなってしまっては、生活ができない」
「夫の扶養から外れてしまうことになる」
「今までは加入していなかったから、入りたくない」

(!)本人の納得なしに加入手続きをするのは、困難を伴う

社会保険に加入することによる、本人のメリット

- □ 老後に受け取る厚生年金の金額が上積みされる
- □ ケガや病気で入院したときの傷病手当金が受け取れる
- □ 万が一、障害を負ってしまったときの障害厚生年金がもらえる

(!)新たに入社する従業員には、「社会保険加入シート」を記入してもらう

本人の理解不足や加入漏れを防ぐことができる

書式 / 雇用保険、社会保険加入シート

所　属　業務部

氏　名　○○　○○

基本的な雇用保険加入・社会保険加入の要件チェック

	雇用保険の加入要件チェック	
	項　目	YES
1	1週間の所定労働時間が20時間以上である	○
2	31日以上の雇用見込みがある	○
3	65歳未満である	○

いずれも該当
雇用保険加入

【雇用保険に加入できない人】

昼間学生、臨時（1ケ月未満）に雇用される人、4ケ月以内の季節的業務に限定して雇用される人、65歳以上で新たに雇用される人等

	社会保険の加入要件チェック	
	項　目	YES
1	1日又は1週間の労働時間が正社員の概ね3/4以上である	○
2	1ヶ月の労働日数が正社員の概ね3/4以上である	○

いずれも該当
社会保険加入

【適用除外の人】

① 日々雇入れられる者
（ただし、1ヶ月を超えて引き続き使用されるときは、そのときから加入すること）
② 2ヶ月以内の期間を定めて使用される者
（ただし、所定の期間を超えて引き続き使用されるときは、そのときから加入すること）
③ 季節的業務に使用される者
（ただし、当初から継続して4ヶ月を超えて使用される予定のときは、当初から加入すること）
④ 臨時的事業の事業所に使用される者
（ただし、当初から継続して6ヶ月を超えて使用される予定のときは、当初から加入すること）

外国人労働者には社会保険についての説明が必要

　ある郊外の町工場では、複数の外国人労働者が働いています。リーマンショックの影響で帰国した人もいましたが、今でもひとつのラインに数人の外国人労働者が所属しています。
　彼らの就業形態はまちまちで、1日5〜6時間働く短時間の契約の人もいれば、フルタイムで正社員と変わらない勤務をしている人もいます。
　現場の労務管理の担当者は、次のように嘆きます。
「入社したときは短時間のパートでも、やがて仕事を覚えていって、フルタイムの契約社員になる人も多いのですが……。そうすると、本来は社会保険に入らなければならない人も、本人の抵抗でなかなか加入できないんですよ。何年かしたら帰国するから、保険は要らないって……」。
　この会社では、かつては外国人労働者は社会保険に加入させていなかったそうです。ところが数年前に年金事務所（かつての社会保険事務所）の調査によって厳しい指摘を受け、フルタイムの人は全員加入することを求められました。
「コンプライアンス第一が会社の方針でもあるので、もちろん法律に従って社会保険には加入させたい。でも、彼ら（外国人）は日本で年金をもらうことはないのですね。なかなか、一人ひとりを納得させるのは大変でしたよ」。
　アメリカやヨーロッパ諸国の間では社会保険協定が結ばれているので、要件を満たせば年金の加入期間が通算されます。しかし、協定がない国籍の人の場合は、基本は掛け捨てになってしまいます。
　医療保険や障害年金の制度は適用されるわけですが、それらについても必ずしも正確な情報が与えられているとはかぎらないものです。
　そこでこの会社では、「社会保険の加入要件と保険制度の基礎知識」をまとめ、入社時に必ず説明することになりました。
　年収300万円の人が3年間働いたら、帰国時に約70万円の脱退一時金を受けることができる。こうした事例を紹介することで、納得が得られやすくなったといいます。外国人労働者に、正確な知識や情報を提供することも、会社の果たすべき責任のひとつです。

第 ② 章

雇用契約
のちのちトラブルを起こさないための契約を交わそう

第2章 Q4

採用後のトラブルが多いので、面接時に細かく労働条件を伝えるようにしている。それでも、入社時には書面を交わす必要がある?

ショールームでの接客業務に就かせるため、新たにパートを採用しました。採用面接では、「何でもやらせてください!」という積極性を持つ人だったので、とても頼もしく思っていました。

ところが、しばらくして付随業務としてイベント企画や事務補助の仕事を頼んだところ、「仕事の範囲がはっきりしない。何でもやらせようとするのは、納得がいかない。精神的にも、負担になってきた」と急に怒り出し、挙句の果てには雇用契約書を見せてくれと言い出しました。

うちのような小さな会社は、パートとはいえ何でもやってくれないと仕事は回りません。会社の現状もある程度はわかってくれていると思っていたのに、とても残念です。

会社の立場

面接の際の「どんな仕事でも、一所懸命やりますから」という熱意に期待して採用したのに、ちょっとした事務の仕事すら拒むなんて、信じられない。

いくら接客業務といっても、それに関わる業務はしてもらわないと仕事にならない。

非正規社員の立場

雇用契約書を書面にして渡すことは会社の義務のはず。口頭での話だけだと、後になって、言った言わないのやりとりなってしまいそうで、怖い気がする。

それに、会社にいいように利用されてしまうような気がして、不安だ。

VS

第2章 雇用契約

面接時に交わした労働条件は鵜呑みにしない

パートやアルバイトを採用するときは、面接でのやりとりで採用を即決することも多いでしょう。社長や店長の立場からすれば、1人のパートを採用するために、そうそう時間を費やすわけにもいきませんから、面接のときに約束した仕事内容や時給が、そのまま労働条件になってしまいがちです。

でも、面接のとき、口頭でやりとりした内容は、どうしても働く側にとって有利な内容だけが独り歩きしてしまいがちです。そして、いくら会社側が丁寧に説明したとしても、働く側にとって義務となる点については、覚えていないということも、めずらしくはありません。

面接を受ける側は、会社側が仕事内容などについてどれだけ熱心に語ったとしても、浮ついた気分で聞いているかもしれません。反面、時給や昇給や休日については、しっかりと記憶しているものです。これは採否が決まっていない面接の段階である以上、ある程度はやむを得ないことでもあります。

ですから、面接時に交わした労働条件の話は、確約ではないと理解しておくことが大切です。「あなたは経験がないようですが、こんな仕事もできますか?」という質問に、「がんばります」「働いてください」と答えるのは半ば社交辞令なので、鵜呑みにしてはいけません。

きっちりとテーブルについて雇用契約を結ぼう

パートやアルバイトを採用するとき、大事なのは、しっかりと雇用契約を交わすことです。法律的には「雇ってください」「働いてください」という口頭でのやりとりだけでも雇用契約が成立します。

ただし労働基準法では、賃金や労働時間といった労働条件を書面にして渡すことが義務づけられています。この書面のことを雇入通知書といいます。

雇入通知書は会社が交付すべきものですが、何らかの方法で本人が受け取ることができればよく、必ずしも面談時に手渡しする必要はありません。でも、パート、アルバイトの場合には、迷わず面談の機会を作ることをおすすめします。

なぜなら、パートやアルバイトは、社員ほど会社や

幹部と関わる機会がないからです。

以前に労使トラブルに悩まされたある製造業の採用担当者は、パートを1人でも採用するときには必ず面談の機会を設け、その席上でしっかりと雇入通知書を手渡しするという方針を決めました。

そうしたところ、パート一人ひとりとの距離が縮まり、以前のような労使トラブルはすっかり姿を消すようになったといいます。

雇入通知書には、法律が雇入通知書に記載することを求めている事項以外も、記載することができます。

だから、会社側が具体的な仕事内容や業務処理の方法などを課すことができるのです。

だから、従業員に期待すること、義務を課したいことは、思い切ってなるべく細かく記載するようにすべきです。仕事内容についても、このとき詳細に説明することで、のちのちのトラブルを防ぐことができます。

最悪こうなってしまう！

従事すべき業務などの労働条件は、入社の際に必ず書面で明示しなければなりません。これを怠ると、最悪の場合は労働基準法違反として、30万円以下の罰金が科せられることがあります。

また、最悪の場合は、入社時の約束とは異なる業務を一方的に課した場合には、会社の指示が無効になることもあります。最悪の場合は、従業員が上司の指示に従わなくても、文句がいえない状態になってしまいます。

法律・ルールはこうなっている！

従事する業務、労働時間、賃金などの労働条件は、書面で明示しなければなりません。この点は、正社員もパートやアルバイトもまったく同じです。

パートの場合、パートタイム労働法によって、昇給や賞与、退職金の有無を書面で明示することが義務づけられています。賞与や退職金については、パートには適用がないことも多いのですが、その場合も「なし」であることを伝える義務があります。

第2章 雇用契約

パート・アルバイトは面接で即採用することも多い
➡ 面接のときにやりとりした内容が独り歩きしてしまいがち

面接を受ける側は、会社側が期待することはあまり覚えていない
逆に、時給や昇給や休日についてはしっかり記憶している
　[NG] 不用意な発言は禁物

パート・アルバイトとは雇用契約を交わすべき

雇入通知書……会社が従業員に一方的に交付
雇用契約書……会社と従業員がそれぞれ署名捺印

(!) 雇入通知書には本人に期待することをなるべく具体的に記載する

(!) 雇入通知書はできるかぎり面談の場で渡すのが望ましい

➡ 会社が具体的な仕事内容や業務処理の方法などを課すことができる

書式 / 労働条件通知書（パートタイム労働法対応）

労働条件通知書

平成○年○月○日

○○ ○○ 殿

事業場所在地・名称　三重県鈴鹿市○○町△△1-11　株式会社Nプランニング
使用者職氏名　代表取締役　小山　一郎

契約期間	期間の定めなし・(期間の定めあり)（24年 4月 1日～24年 9月 30日） ※1
就業の場所	上記 事業場所在地 業務部内
従事すべき業務の内容	梱包・納品業務
始業、終業の時刻、休憩時間等	始業　8 時　00 分～終業　17 時　00 分まで（休憩時間　90 分）※2
所定外労働	1 所定時間外労働をさせることが [(有)(1週　3 時間、1ヶ月　15 時間、1年 180 時間)／無] 2 休日労働をさせることが[有(1ヶ月　　　日、1年　　　日)／(無)]
休日	会社の勤務および休日カレンダーによる（別紙）
休暇	1 年次有給休暇　6ヶ月継続勤務した場合→　10 日 　継続勤務6ヶ月以内の年次有給休暇[有・(無)]→　　ヶ月経過で　　日 2 育児休業　取得可能、一定の要件を満たさなければ取得不可能 3 介護休業　取得可能、一定の要件を満たさなければ取得不可能 4 子の看護休暇　年　　日 5 その他の休暇　有給（　　　）　無給（　　　）
賃金	1 基本賃金 　イ 月給（　　円）、ロ 日給（　　円）、(ハ) 時間給（　900 円）、 　ニ その他（　　　）（　　円） 2 諸手当の額又は計算方法 　イ　皆勤　手当　3,000 円/計算方法：月額　無欠勤の場合 　ロ　通勤　手当　300 円/計算方法：日額 3 所定時間外、休日又は深夜労働に対して支払われる割増賃金率 　イ 所定時間外、法定超（ 25 ）%、所定超（　　）% 　ロ 休日　法定休日（ 35 ）%、法定外休日（ 25 ）% 　ハ 深夜（ 25 ）% 4 賃金締切日（ 15 ）日　　5 賃金支払日（ 25 ）日 6 賃金支払方法（　銀行振込による　　　） 7 昇給[(有)（時期、金額等　年に一回を原則とする　　）／無] 8 賞与[有 （時期、金額等　　　　　　　　　　　　）／(無)] 9 退職金[有 （時期、金額等　　　　　　　　　　　）／(無)] 10 労使協定に基づく賃金支払い時の控除[有 （時期、金額等　　　）／(無)]
退職に関する事項	1 定年制[(有)（ 65 歳）／無] 2 自己都合退職の手続（退職する　30 日以上前に届けること） 3 解雇の事由及び手続（　就業規則第○条による　　　　）
その他	・社会保険等の加入状況［(厚生年金保険)(健康保険) その他（　　）］ ・雇用保険の適用[(有)／無] ・その他（　　　　　　　　　　　） ・具体的に適用される就業規則名（　　　　　　　　　　）

本通知書の交付は、労働基準法第15条労働条件の明示及び短時間労働者の雇用管理の改善等に関する法律第6条に基づく労働条件の明示を兼ねるものであること。

更新の有無 ※1 期間の定めありとした場合に記入	1 契約の更新の有無［自動的に更新する・(更新する場合があり得る)・契約の更新はしない］ 2 契約の更新は、次のいずれかにより判断する 　・(契約期間満了時の業務量)　・(労働者の勤務成績、態度)　・(労働者の能力) 　・(会社の経営状況)　　・従事している業務の進捗状況
※2 ①～④のような制度が適用される場合に記入（①～④のうち該当するもの1つに○を付け、具体的な条件を記載すること）	①変形労働時間制等：（　）単位の変形労働時間制・交替制として、次の勤務時の組み合わせによる。 　始業（　時　分）終業（　時　分）（適用日　　　） ②フレックスタイム制：始業及び終業の時刻は労働者の決定に委ねる。（ただし、フレキシブルタイム 　（始業　時　分から　時　分、終業　時　分から　時　分、コアタイム　時　分から　時　分） ③事業場外みなし労働時間制：始業（　時　分）終業（　時　分） ④裁量労働制：始業（　時　分）終業（　時　分）を基本とし、労働者の決定に委ねる。

介護専門職の雇用契約書

　パートなどの非正規社員でも、入社の際には雇入通知書（雇用契約書）を交わす必要があることは、本文で触れた通りです。
　雇入通知書に記載すべき事項は、法律で決められています。ただ、その内容を書けばすなわち安心というわけではありません。職種や業務内容によっては、さらに注意や補足が必要なケースもあります。
　登録型のホームヘルパーを採用しているある介護事業者では、今までは本屋さんで売っている書式集の雛型の雇入通知書を使っていました。何の疑問もなく、そのつど手書きで必要事項を記入して、従業員に手渡していたのです。
　ところがある日、契約社員としてがんばっているホームヘルパーから、こんな質問が寄せられました。
「私の給与明細には、移動中のお給料がついていないのですが……」。
　まさかクルマでの移動時間が問題にされるとは思いもよらなかった施設長は、すぐに返す言葉が見つからなかったといいます。
　国の通達では、ホームヘルパーについては、原則として移動中も賃金が発生するという解釈がとられています。雇用契約上に特段の定めがないかぎり、会社はその間の賃金を支払う義務があるのです。
　特に労働契約の特約を設けず、雛型の雇入通知書を交わしていただけのこの施設では、当然、移動時間の給料も支払う必要があったのです。
　このような指摘を受けてからは、専門家に相談した上で労働条件の見直しと整備を行ないました。雇入通知書の労働時間（移動時間）や休憩時間の欄に詳細内容を記載するようにし、雇用契約を交わす上での取り決めを明確にしたのです。
　雇入通知書は、単なる書式でもセレモニーでもありません。雇用契約にあたっての労働条件の原則と例外を入社時にしっかりと雇入通知書でうたうことにより、潜在的なリスクや無用のトラブルを避けることができます。
　施設長はこれ以来、入社時の面談の際には、必ず一語一句確認した雇入通知書を自ら説明した上で、手渡しするようになったといいます。

第2章 Q5

フルタイムで働き、今までに3回契約更新しているパートがいる。今後、更新手続きは省略できる?

当社には、食材の販売やレジ打ちをお願いしているパートが、2～3人ほどいます。いずれも契約更新を続けている人ばかりで、最も新しい人でも3回更新しています。

2か月更新という短い契約だということもあって、正直なところ、更新ごとにそのつど、契約書を交わすのはかなり煩わしく思っています。

パートはすべて入社以来、勤務場所も業務内容もまったく変わりません。給料もずっとそのままで、今のところ、変更の予定もありません。

同じ条件の繰り返しなのだから、今後は自動更新としていきたいと思っています。

それでも、従業員も会社も、お互いに困るようなことはないと思うのですが。

会社の立場

雇用契約書といっても、毎回まったく同じ内容の文書を交わしているだけなので、従業員が同意すれば当然省略できるはずだ。自動更新というルールでいったほうが、パートとしてもムダな手続きが省けてよいのではないか。

VS

非正規社員の立場

2か月更新という契約書が省略されると、契約内容が途中で変わったりしないかとても心配になってくる。

契約期間を長くする場合でなければ、契約書を交わさないなんていうことは認められないはずだ。

第2章 雇用契約

雇用契約書は自動更新にしないほうがいい

何人ものパートを抱えている会社では、雇用管理も大変です。入社日も異なり、契約期間も短い場合は、なおのことです。誰がどんな条件でいつ契約更新するかを管理するのは、思っている以上に煩雑です。

パートの場合、ほとんど労働条件は変わらないでしょうから、更新ごとに契約書を交わすより、異議がなければ自動的に更新されるルールのほうが効率的です。

事務所の賃貸契約や事務機のリース契約は、たいていは自動更新です。それらと同じように、雇用契約も自動更新にするという方法は可能なのでしょうか？

もちろん、契約上、自動更新とすることは何ら問題ありません。それによって、手続き自体は簡素化できます。しかし、自動更新には大きなデメリットがあります。

それは、自動更新にしてしまうと、よほどのことがないかぎり、更新を拒否することはできないということです。だから、実質的には期間の定めのない雇用契約と変わらなくなってしまいます。

自動更新はたしかに便利ですが、少なくとも解雇の要件に当てはまるくらいの状況にないかぎり、雇止めすることができなくなります。

業務の進捗状況に合わせてフレキシブルに人材を活用したいという観点からすれば、自動更新の方法はやはり問題なのです。

雇止めのハードルは意外と高い

パートとの雇用契約書には、

① 自動更新
② 更新する場合がある
③ 契約更新はしない

のいずれかを記載するようにしましょう。この点が漏れていると、のちのちパート本人とトラブルになったり、行政からの指導が入ることがあります。

自動更新とはせず、契約期間満了ごとに更新する場合でも、雇止めのハードルは意外と高いものです。

もちろん、あらかじめ更新しないことを同意していた場合や、更新回数の上限を設けていた場合は大丈夫です。そうでなければ、雇止めができるのは、明らかに人員削減の必要がある場合、客観的に見て本人が業務を続ける資質に欠ける場合などにかぎられます。

具体的には、「今月は売上が悪かったから、パートを1人削減しよう」とか「ちょっと暗い性格で、なかなか職場になじんでくれないから、雇止めしよう」という理由では、認められません。

雇止めをする場合には、必ず事前に次回は契約更新をしないことを本人に伝えるようにしましょう。少なくとも、30日前までに会社の意思を伝えれば、不測のトラブルは防ぐことができます。

用語

「雇止め」
期間の定めのある雇用契約で雇用期間が満了したとき、使用者が契約を更新せずに労働者を辞めさせること。

最悪こうなってしまう！

そのままにしておくと、会社の事情で期間満了による雇止めができなくなります。

たとえば、何らかの事情で仮にパートの5人を退職させたい場合でも、期間満了による雇止めとはせず、解雇の手続きを取る必要が出てきます。解雇による和解金の相場はおおむね給料3か月分といわれていますから、月給が10万円だとすると、なんと150万円ものコストがかかることになります。

法律・ルールはこうなっている！

平成24年8月に成立した改正労働契約法では、有期労働契約が5年を超えて反復継続された場合には、労働者の申込みにより、無期の労働契約に転換される仕組みが導入されることになりました。

改正法の施行後は、原則として6か月以上の空白期間（クーリング期間）がないかぎり、前後の雇用期間が通算され、通算5年を超えた段階で、労働者は無期契約への転換を申込みできることになります。

第 2 章 雇用契約

期間雇用のパートの雇用契約
➡ 自動更新にしても構わない

しかし、自動更新にもデメリットがある
☐ よほどのことがないかぎり、更新拒否がしづらい
☐ 実質的には常用雇用とあまり変わらない

パートとの雇用契約
❶ 自動更新
❷ 更新する場合がある
❸ 契約更新はしない
　➡ 雇用契約書に明記する必要がある

(!) 雇止めをする場合は、30日以上前に次回は契約更新しないことを伝える

不測のトラブルを防ぐことができる

(!) 改正労働契約法により、「雇止め法理」が法定化された

「雇止め法理」＝「合理的な理由がないと雇止めはできない」という
　　　　　　　ルールのこと

書式 / 雇用契約書

雇 用 契 約 書

氏名　○○ ○○　　　　　殿　　事業所　所在地　三重県鈴鹿市○○町△△1-11
　　　　　　　　　　　　　　　　　　名　称　株式会社Nプランニング
　　　　　　　　　　　　　　　　　　代表者　代表取締役　小山　一郎　　㊞

次のとおり雇用契約を締結します。

契約期間	1　期間の定めなし（平成　　年　　月　　日　雇入れ） ② 期間の定めあり：平成 24 年 6 月 1 日〜平成 24 年 8 月 31 日
雇用形態	正社員・(パートタイマー)・嘱託・その他（　　　　　　　）
就業の場所	当社 所在地 業務部内
従事する業務	納品補助業務
始業・終業の時刻及び休憩時間	1　始業・終業の時刻　：（始業）10 時 00 分〜（終業）16 時 00 分 2　休憩時間　　　　　：　60 分 3　1週間の所定労働時間：　25 時間 00 分 4　変形労働時間制　　：　　　　単位 5　交替制：（始業）　　時　　分〜（終業）　　時　　分 　　　　　（始業）　　時　　分〜（終業）　　時　　分 ※詳細は、就業規則による。
所定外労働	1　所定時間外労働の有無：有・(無)　2　休日労働の有無：有・(無)
休日	①　定例日　：毎週 土・日曜日、国民の祝日、その他（　　　　　　　） 2　非定例日：　週・　月当たり　日、その他（　　　　　　　） 3　1年単位の変形労働時間制の場合：年間　　　　日
休暇	1　年次有給休暇　6ヶ月継続勤務した場合：10 日 2　その他の休暇　①有給の休暇（　　　　　　　）、②無給の休暇（　　　　　）
賃金	1　基本賃金： 　　イ　月給（　　　円）、ロ　日給（　　　円）、㋩　時間給（ 800 円）、 　　ニ　その他（　　　円） 2　諸手当 　　イ　通勤 手当（ 250 円／ 日額 ）、ロ　　　手当（　　　円／　　） 　　ハ　　　手当（　　　円／　　）、ニ　　　手当（　　　円／　　） 3　所定時間外、休日又は深夜労働に対して支払われる割増賃金率 　　イ　所定時間外　法定超　：　　％、所定超　　：　　％、 　　ロ　休　日　　法定休日：　　％、法定外休日：　　％、 　　ハ　深夜　　　　　　　：　　％ 4　賃金締切日：毎月 15 日、賃金支払日：毎月 25 日 5　支払方法　　：銀行振込による 6　賃金支払時の控除：　有（　　　　）・(無) 7　昇給　　：(有)・無 〔 年に一回を原則とする 〕 8　賞与　　：有・(無) 〔　　　　　　　　　　　　　〕 9　退職金　：有・(無) 〔　　　　　　　　　　　　　〕
退職に関する事項	1　定年制　　　　　　：(有)（ 65 歳）・無 2　自己都合退職の手続：退職する 30 日以前に届け出ること 3　解雇の事由及び手続：就業規則第○条による
社会保険等の加入	・社会保険の加入　　　イ　厚生年金、　ロ　健康保険、　ハ　厚生年金基金 ・雇用保険の適用　　　(有)・無
更新の有無 ※期間の定めありとした場合に記入	1　契約の更新の有無［自動的に更新する・(更新する場合があり得る)・契約の更新はしない］ 2　契約の更新は、次のいずれかにより判断する 　(契約期間満了時の業務量)・(労働者の勤務成績、態度)・(労働者の能力) 　(会社の経営状況)・従事している業務の進捗状況

上記について承諾しました。　　　　　　　　　　　平成　○年　○月　○日

　　　　　　　　　　　　　従業員　住所　三重県○○市△△町 2-22
　　　　　　　　　　　　　　　　　氏名　○○ ○○　　　　　　　　　㊞

パートで働いた期間が通算5年になると、無期契約になる？

　ある自動車販売店では、営業事務の担当として、このたび契約社員Aさんを採用しました。Aさんは、もともと5年近くにわたって同社に勤務していたのですが、5か月ほど前に家庭の都合で退職したばかりでした。

　実は、先ごろ後任のBさんが入社したのですが、どうしても職場の雰囲気に馴染むことができず、半月ほどで退職。そこで社長は、個人的にも気心が知れたAさんに、無理を承知で再入社を頼み込んでいたのでした。

　当然のことながら、最初は固く固辞していたAさんでしたが、もともと責任感が強く、仕事自体にも人一倍の愛着があったこともあり、最終的には渋々ながら再入社することになったのです。

　もともと夫と第二の人生を満喫しようと心に決めていたAさんでしたが、職場に復帰してからは他の誰よりもイキイキと仕事に向かっていました。社長は、「いろいろあったけど、やはりAさんでよかった」と胸をなで下ろしたのでした。

　半年ほど経って、関連会社から出向社員を迎えることになりました。周囲とも相談した結果、その出向社員には、主に今までAさんが関わってきた仕事を担当してもらうことになったのです。

　会社の方針として、社長はやむを得ずAさんを期間満了で雇止めすることを決意します。Aさんは、1年契約の契約社員でした。そこで、残念ではあるものの、半年後にはひと区切りをつけることになったのです。

　社長は失礼があってはいけないと思い、早いうちにすべての事情をAさんに話しました。会社の方針が二転三転することにちょっとした不審を抱きつつも、Aさんも最終的には受け入れたといいます。

　社長は、ある専門家との話の中で、次のように指摘されました。
「今回はよかったのですが、これからはAさんのような人を雇止めするのは難しくなりますね。労働契約法の改正で、今後は雇用期間が通算して5年を超えるような人は、期間の定めのない雇用契約へと転換していく時代になっていきます。今から、対策が必要ですね」。

　雇用の法律が本当に難しくなってきた時代だと痛感しているといいます。

第2章 Q6

かつて当社に在籍していた者を、派遣社員として受け入れたい。どんな点に注意すべき？

市内で小さな介護施設を運営しています。このところ人材不足に悩んでいるので、派遣社員を受け入れようかと迷っていました。そんな中、ある派遣会社の担当者から「即戦力の経験者がいる」という話を聞いたので、思い切って依頼することにしました。

さっそく契約を交わし、受け入れの準備を進めたところ、今回当社で働いてもらう人の名前を聞いたとき、驚きました。なんと、つい半年ほど前に結婚を理由に当社を退職していた、Aさんだったのです。

Aさんはとても仕事ができる人だったので、働いてもらうことに異論はないのですが、内々に漏れ聞くところによると、Aさんは元の職場で働くことに少し不安を感じているといいます。

会社としては、どう対応すべきでしょうか？

会社の立場

会社としては、とにかく即戦力になる人材を求めているので、もともと当社に在籍していた人間が、派遣社員として勤務してくれるなら、心強い。

本人は派遣社員の立場で元の職場に戻ることに不安があるというが、すぐに慣れていくものだと思う。

VS

非正規社員の立場

結婚を機に職場を退職したが、家庭も落ち着いたので、元の職場に派遣社員として働くことにした。

ただ、元の職場に戻ることは予想していなかったので、内心はかなり不安を覚えている。

派遣社員は、辞めた職場で勤務してはいけないというルールだと、聞いたような気がするが……。

第2章 雇用契約

法改正で離職後1年以内の受け入れは禁止に

会社の一員としてがんばっていた人が、何らかの事情で退職することになった。その後は派遣社員として同じ職場で働くことになった。今までは、こんな例はそれほどめずらしいことではありませんでした。採用時の取り決めなどで、子会社の派遣会社に移籍する人も今までいましたし、今回の例のように、偶然にも今まで在籍していた人が、派遣されるというケースもしばしば見受けられました。

ところが、平成24年10月の労働者派遣法の改正により、今後はこういった派遣社員の活用の仕方は、できなくなります。すなわち、離職後1年以内の人を派遣社員として受け入れることは、原則として禁止されることになったのです。

今回の例では、派遣社員本人が元の職場で働くことに不安を感じたということですが、そういった心情面の問題以前に、離職して半年ほどしか経っていない人を派遣社員として受け入れることは、法律上のルールとして許されなくなったのです。

なお、60歳以上の定年退職者の場合は、例外となります。たとえば、64歳で定年退職した人を、そのまま派遣社員として迎えたとしても、違法にはなりません。この例外を除いては、年齢や職種を問わず、等しく禁止ということになります。

また、このルールは、支社や支店といった事業所ではなく、あくまで会社単位で判断されます。そのため、今までまったく別の事業部や店舗で雇用されていたため、雇用関係のデータがすぐに確認できないという場合でも、会社が同じであればやはり認められないため、十分に注意していく必要があります。

該当者かどうかは派遣会社からの通知で確認する

もともと雇用していた人を、1年以内は派遣社員として受け入れてはいけないというのは、かなりシビアなルールです。ただ、あくまで「期間をあけずに働いてもらうのであれば、直接雇用してください」という趣旨なので、このルール自体は、正社員を保護する上ではやむを得ない内容だといえるでしょう。

ただ、ここで疑問に思われることはないですか？

そう、いったいどのタイミングで、もともと在籍していた人間が派遣されてくるのか、会社にはわからない。その通りです。派遣社員を受け入れる派遣先は、派遣社員の氏名を前もって知ることはできません。

そこで派遣法では、派遣元からもらう通知（派遣先への通知）の内容によって、今回派遣される予定の人がもともと在籍したかどうかをチェックすることを義務づけているのです。

派遣先への通知には、派遣社員の氏名と性別、社会保険や雇用保険への加入状況が記載されることになっています。派遣社員を受け入れる派遣先はこれを見た上で、会社を辞めて1年以内の人がいた場合には、「この人は、○か月前にうちを退職したばかりの人ですよ」と書面などで派遣元に教えてあげなければならないのです。

派遣社員を迎える側としては、手続き的なことは派遣元がやってくれるものと思いがちですが、派遣先が果たすべき役割を怠らないよう、心がけたいものです。

最悪こうなってしまう！

1年以内の離職者を派遣社員として受け入れてはならないというルールに違反した場合は、行政から厳しい指導や助言、勧告を受けることになります。また、勧告等にも従わない場合には、厚生労働大臣から企業名の公表などの処分を受けることがあります。その場合は、会社がおかれる社会的な立場が、著しく悪くなることにもなります。

法律・ルールはこうなっている！

派遣先は、新たに派遣社員を受け入れる場合には、その派遣社員が派遣先を離職した者であるときは、離職の日から起算して1年を経過する日までの間は、その派遣社員の派遣先の通知を受けた場合において、派遣社員を受け入れたならばこの規定に違反することになるときは、速やかにそのことを派遣元に通知しなければならない（労働者派遣法第40条の9）。

第2章 雇用契約

離職した労働者についての労働者派遣の受け入れ禁止
➡ 自社で使用していた労働者を退職後1年以内に派遣労働者として受け入れてはならない

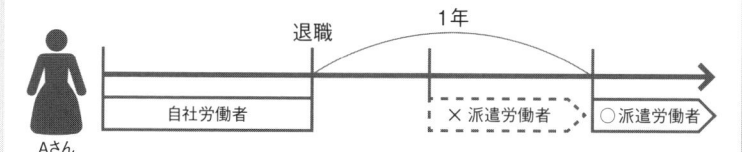

Aさん　自社労働者 ── 退職 ── × 派遣労働者 ── 1年 ── ○ 派遣労働者

・60歳以上の定年退職者は例外
・支社や支店ではなく、あくまで会社単位

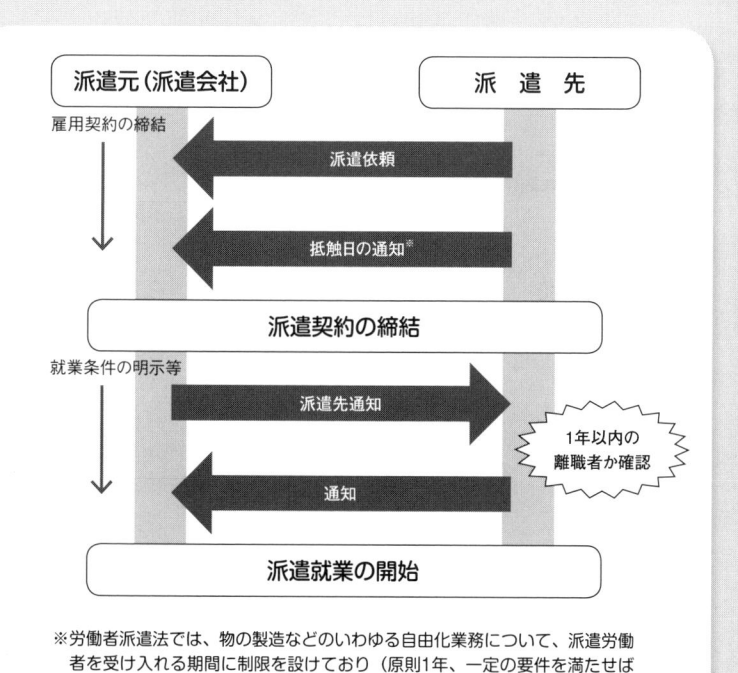

派遣元（派遣会社）　　　派遣先

雇用契約の締結　←　派遣依頼
　　　　　　　　←　抵触日の通知※

派遣契約の締結

就業条件の明示等　→　派遣先通知
　　　　　　　　←　通知

（1年以内の離職者か確認）

派遣就業の開始

※労働者派遣法では、物の製造などのいわゆる自由化業務について、派遣労働者を受け入れる期間に制限を設けており（原則1年、一定の要件を満たせば最長3年まで）、派遣先は、この期間の制限に違反することになる最初の日を派遣元へ通知しなければならない。

書式 / 派遣先通知書

派 遣 先 通 知 書　　平成 24 年 10 月 5 日

株式会社Nプランニング　　殿

　　　　　　　　　　　　　　（所在地）　三重県鈴鹿市◇◇◇町◇◇333

　　　　　　　　　　　　　　（事業所名）　株式会社◇◇◇◇

　　　　　　　　　　　　　　（代表者名）　代表取締役　◇◇　◇◇

　　　　　　　　　　　　　　（許可番号）　般 24 - ○○○○○○

平成24年10月1日（契約 No.　　　）に締結した労働者派遣契約に基づき次の者を派遣します。

派遣労働者の氏名		性　別	
○○　○○		(男)　・　女	
契約期間の定めの有無			
(有)　・　無			
社会保険・雇用保険の被保険者資格取得届の提出の有無			
健康保険	厚生年金保険		雇用保険
(有)　・　無	(有)　・　無		(有)　・　無
（『無』の理由）			
その他			

注意　自社で使用していた労働者を退職後1年以内に労働者として受け入れてはいけません

グループ企業からの派遣の受け入れも難しくなる

　ある金融関係の業務を行なう会社では、業界特有の経験とスキルを持つ人材が求められるため、中途採用者は、ほとんど業界経験者で占められていました。そのこともあって、結婚や出産などを機にいったん退職した人を再び登用したり、契約社員として採用することも、めずらしくはなかったのです。

　出産・育児が落ち着きしだい職場に復帰することを半ば約束しているケースもありましたし、まったく関係なく募集採用をかけたところ、結果的につい1年前に退職した人が応募してくることもありました。同社では何人かの派遣社員も勤務していましたが、実態は契約社員と似たり寄ったりでした。

　今回、派遣社員として働くことになったAさんも、まさにそんな例でした。つい7か月前までは、正社員として勤務していましたが、ふとしたことから今月から派遣会社に所属することになったのです。今まで5年以上も勤めてきている職場ですから、もう仕事の「いろは」は知り尽くしています。

　ところが、こんな状況を聞いた会社の顧問社労士が、少し心配そうに声をかけてきました。社長がいつものように楽しく世間話を交えながら打ち合わせをしていると、どうやら改正された派遣法の影響で、これからは派遣社員とこういう契約をすることはできない、とのこと。

　「これからは、退職して1年以内の人を派遣として受け入れできなくなるなんて、まったく知らなかったよ。ちゃんと、今後のことも考えなくちゃ」。社長は、冷や汗を流しながら、こう語りました。

　「いや、それだけではないのですよ」と、社労士は続けます。「今回Aさんは、会社の関連会社である派遣会社から受け入れていますが、平成24年10月からは、これにも規制がかかります」。すなわち、関係先への派遣は8割以下としなければならない、「グループ企業内派遣の8割規制」です。

　条件からすると、これからAさんのような人は、間違いなく派遣社員としては受け入れることができなくなる。こう結論を得た社長は、社労士や幹部とも相談を重ねて、これからの方向性を導き出そうと懸命です。

　会社に関わる法律や改正点を知り、いち早く対策を講ずることの大切さを、あらためて痛感しているといいます。

第3章

給与

フェアなルールをつくって、給料を支払おう

第3章 Q7

給与は「現金で支給してほしい」というパートがいる。会社としては、どうすればいい?

毎月の給与は、計算期間の締日から支給日までが1週間程度しかないので、従業員たちには、会社の取引銀行の口座への振込で了解してもらっています。

ところが、最近入社したパートの女性から、住んでいる地域には会社指定の銀行がないし、また、子供が小さくてなかなか遠方へは行けないので、かなり不便だという不満の声があがりました。

本来、給与は現金で支払うものではないかと言い出し、協力を促しても、あくまでも自分は現金で支給してほしいと主張を譲らないのです。

会社としては、事務手続きが面倒だし、ひとりだけ例外を認めたら他の従業員たちも都合を言い出すかもしれないという懸念もあります。昨今は銀行振込が常識だと思っていましたが、法律的に問題でしょうか。

会社の立場

取引銀行の関係もあり、給与は原則会社が指定する銀行への振込扱いとしている。本人が希望すれば別の銀行への振込にも応じているが、1人だけ現金で支給は行なっていない。今まで現金で支給となると事務上の手間も増えるので、理解してほしいのだが。

非正規社員の立場

子供を抱えて家事をしながら働いていると、なかなか銀行に行く余裕もないので、給与はどうしても現金で支給してほしい。しかし、会社が指定する銀行は自宅の近くにはないし、そもそも団地なので銀行自体がまわりにないから不便だ。

第3章 給　与

給与支払いの原則は現金支給

毎月の給与計算は、会社にとってはそれなりの負担になる業務です。従業員が増えてくると、お札や硬貨を振り分けて現金で支給するのはかなり面倒です。振込で支給するにしても、振込先があまりに多くなると、その分、会社が負担する手数料も余分にかかってしまうこともあります。

そこで会社によっては、給与の振込先を自社の取引銀行などに限定するよう、従業員に求めているところもあります。ひとつの銀行にしぼったほうが、事務処理上も、手数料の負担も効率的だというわけです。

しかし、法律上は給与の支払いは現金というのが原則です。給与を銀行振込などの方法で支給するためには、それぞれ従業員の同意を得た上で、振込を行なうことについて、会社と過半数労働組合（もしくは従業員の過半数代表者）との間で協定を結ばなければなりません。

ですから、ある従業員が振込に反対して同意しなかったり、従業員の過半数代表者との協定が整わない場合には、振込による給与支払いはできず、あくまで現金で支払わなければならなくなります。

インターネットバンキングも普及している時代ですから、あまりこのような例は考えにくいですが、会社が強制することはできないのが法律上のルールです。

採用時に振込先届出書を提出してもらおう

それでも、近くに銀行がないとか、生活リズムの上で銀行に足を運ぶことができないという理由で、あくまで現金支給を求める人もいます。パートやアルバイトの場合には、何らかの事情で口座やカードが開設できない人もいるかもしれません。

まずは会社としては、基本的に銀行振込で対応しているというルールに理解を求めましょう。その上で、取引銀行の担当者を通じて口座開設を支援したり、インターネットバンキングやモバイルバンキングの活用についても情報提供してもよいでしょう。

どうしても本人の理解が得られない場合は、最終的には現金支給を認めていくしかありません。ただ、基本的には従業員にとっても、現金支給より振込のほう

が安全面でも管理面でもメリットが大きいはずですから、会社としては粘り強く理解を求めるべきでしょう。

会社にとって何よりも大切なのは、採用時の対応です。職場に出社して入社の手続きを進めるときに、給与振込について会社の方針を十分に説明します。この際に、誓約書や身元保証書等の提出書類と一緒に、振込先届出書を提出してもらうことが大切です。

入社時であれば、よほどのことがないかぎり、提出を拒むことはないはずです。振込先届出書は本人の同意と同じ効果があります。

用語

「労使協定」
会社と労働者の代表者とが取り交わす書面による協定のこと。代表的なものには、36（サブロク）協定がある。

「過半数労働組合」
労働者数の過半数を超える組合員の労働組合のこと。過半数労働組合がない場合は、過半数代表者が同じ権限を持つ。

最悪こうなってしまう！

給与といえば銀行振込で支給するのが当たり前の時代ですが、労働基準法では、現金手渡しが原則的なルールです。振込支給は本人の同意を条件に認められた取り扱いですので、同意なしに会社が強制的に振込とすることは許されません。

あまり考えられない例ではありますが、労働基準法違反となれば、最悪のケースでは、30万円以下の罰金に処せられることになります。

法律・ルールはこうなっている！

労働者の同意に基づかず、会社の判断で給与支給を銀行振込の取り扱いにするのは許されないとした判決には、昭和56・3・18 高知簡裁 御國ハイヤー事件があります。

振込か現金かをめぐって深刻なトラブルになるケースはそれほど多くはないでしょうが、法律上の争いになった場合には、会社は不利な立場になることを知っておきましょう。

第3章 給　与

法律上の原則

給与の支払いは、現金支給

銀行振込等には、従業員の過半数代表者の同意が必要

　⇨ 従業員が反対した場合は、現金支給せざるを得ない

画一的に銀行振込で対応したい場合

❶ 口座開設の支援、ネットバンキング等についての情報提供

❷ 採用時に振込先届出書を提出してもらう

⚠ 入社時に、誓約書や身元保証書等と同時に提出してもらう

（振込先届出書には、本人の同意と同じ効果がある）

書式 / 給与振込先届出書

平成○年○月○日

株式会社Nプランニング
代表取締役　小山　一郎　　　殿

所　　属　業務部

氏　　名　○○　○○　　　　　　　　　印

給与振込先届出書

下記のとおり、給与の振込先をお届けいたします。

振込区分	㊀全額振込㊁　・　定額振込（¥　　　　）
金融機関名	中部　　　㊀銀行㊁　信庫　信組　農協　労金
支店名	中央　　　㊀支店㊁　出張所　本店　営業部
種　類	㊀普通預金㊁　・　当座預金
口座番号	0011223
（フリガナ）	○○○ ○○○
口座名義	○○　○○

以上

所属長	経理

【注意】
1、振込希望の人のみ記入して提出してください。

歩合給を現金支給してモチベーションアップ

　ある保険代理店では、10人ほどの契約社員が勤務しています。正社員は社長と幹部数人だけであり、現場の営業活動はほとんど契約社員が分担して担当していました。

　毎月の給与は当然のごとく銀行振込で支給していましたが、今月中途入社したＡさんは、あくまで現金支給でなければ困ると、会社に掛け合ってきました。母子家庭でほとんど銀行に行く時間もとれないので、どうしても現金がいいというのです。

　会社としては、給与は振込で支給するのがルールなので、1人だけ例外を認めるわけにもいきません。それでもあまりにＡさんが食い下がってくるので、どう対応したらいいのか、手を焼いていました。

　実は時期を前後して、契約社員の歩合給が問題になっていました。成績に応じた歩合給といえども、その計算式や、誰がいくらもらっているかは非公開だったため、なかなかモチベーションアップにつながっていなかったというのが一点。基本給と歩合給の算定期間が異なるため、給与計算業務に負担がかかっていたというのが一点です。

　そこで、社長は考えました。この際、歩合給を現金で支給したらどうなのだろうか？　もちろん、Ａさん1人の要望でそうするわけではないが、今までもやもやしていたものが、解消できる取っ掛かりにできるのではないか。

　あえて歩合給を現金で手渡しする方法に変える。こうすることによって、営業担当の契約社員を複数抱えるこの会社では、各人の業績によって決定する月々の歩合給を強く意識させることができるようになったといいます。給与明細書上で数字の大小を感じるよりも、物理的なもののほうが、営業社員のモチベーションを引き上げたり、競わせたりすることがしやすい。実に人間らしいといえば、そうなのかもしれません。

　また、現金支給のいいところは、手渡しする際に従業員の一人ひとりに対して、「あなたの今月の成果はこれです」とストレートにアピールできる絶好の機会だということです。いい成績を作れば、給与袋は重く膨れ上がるという実にわかりやすい仕組みですね。

第3章 Q8

「会社指定の通勤ルートではイヤだ」と言われた。会社は、どう対応すべき？

これまで当たり前のように通勤手当を支給してきました。ただ最近は、従業員からもわがままな要望が多いので、正直なところ困惑しています。

「会社から近道だといわれている通勤のコースは、渋滞が激しいのでイヤだ」「引っ越しをしたので、手当を増額してほしい」「前職の会社と比べたら、金額が少な過ぎる」など。

結局のところは、自分の都合しか考えていないのです。また、いつの間にか、通勤方法や経路が変わってしまっているのに、それらを会社へ届け出ていないケースもあります。通勤手当は必ず支給しなければならないものではない、と聞いたことがあるのなら、いっそのこと廃止も含めて考えていきたいと思っているのですが。

会社の立場

従業員のためを思って通勤手当を支給しているのに、あまりに身勝手なことばかりを主張されたのでは、やり切れない。

もともと、通勤手当を出すかどうかは、会社の自由なはずだ。通勤距離に応じて、会社が機械的に決めてもいいのではないか。

非正規社員の立場

ある人の通勤手当の変更は認められて、別の人の主張は認められないというのは、納得がいかない。

会社のために毎日仕事に来ている以上は、通勤のためにかかる実費を会社が負担してくれるのは、当然のことだと思う。

VS

第3章　給　与

通勤手当の支給は義務ではない

　基本給や固定の手当とは別に、通勤手当を支給している会社も多いでしょう。通勤手当は、従業員が通勤に要する電車代やガソリン代などを補助するために、会社が負担する手当です。会社によっては、通勤定期券を現物支給している例もあるでしょう。

　勘違いする人も多いのですが、これらの通勤手当の支給は、本来的には会社の義務ではありません。そもそも通勤手当を支給するのか、しないのか、正社員には支給するけれども、パートには支給しない、といった判断は、あくまで会社の裁量に委ねられています。

　もちろん、就業規則等で制度化されている通勤手当については、会社が支払う義務があります。しかし、そうでないのであれば、通勤のための多額の費用が従業員にどれほどかかっていても、会社にそれを負担する義務はありません。

　したがって、正社員には通勤手当が支給されているのに、パートには支給されていないとか、ある人にはガソリン代以上の通勤手当が支給されているのに、別の人は実際にかかる定期券代をまかなうことができないといった不公平な事態は起こり得ることです。

　会社としては、一定のルールを設けて支給している以上は、そういった個別の事情に逐次対応する必要はないと考えるべきです。

通勤手段や経路の変更には届出義務を課そう

　従業員の通勤手段や距離に応じて、通勤手当の金額が変わるという支給の仕方をしている場合があります。この場合は、従業員が引っ越したり、今まで電車で通勤していた人がマイカー通勤に変わったようなとき、トラブルが起こるケースがあります。

　たとえば、Aさんは事前に会社に申し出ていたため、それに伴って通勤手当が増額されたけれども、Bさんは会社に内緒で引っ越ししていたため、通勤手当はそのままだったというケースです。

　このとき、Bさんが「Aさんと同じように、引っ越ししたときにさかのぼって、通勤手当を増額してほしい」と主張してきたら、どうしますか？「何を今さら」と突っぱねたいでしょうが、明確なルールが決められ

ていないと、従業員の主張通りに支払わなければならないことになってしまいます。

のちのちになって、さかのぼって通勤手当を支給するといった不合理が生じないよう、「転居したときや通勤手段を変更したときは、必ず会社に届け出ること」と、就業規則に規定したときは、必ず会社に届け出ること」と、就業規則に規定しておくことが大切です。パートには支給しないという場合も、あらかじめ就業規則によってルール化しておくことが必要です。曖昧な慣例や口頭での説明に頼るのは、誤解とトラブルのもとになります。

用語

「現物支給」
賃金の一部を金銭以外の現物で支給すること。

「不利益変更」
賃金の減額や労働時間の延長など、会社が従業員の労働条件を引き下げることをいう。理由がないのに、会社が一方的に労働条件を不利益変更することはできないとされている。

最悪こうなってしまう！

就業規則（給与規程）の作り方、使い方を誤ると、最悪の場合、パート1人あたり数万円のロスが生じてしまいます。

たとえば、正社員に一律1万円の通勤手当を支給している会社がパートへの規定を定めていないと、毎月1万円の通勤手当が発生する可能性があります。時効は2年ですから、最悪の場合は2年分さかのぼって支払わなければなりません。

法律・ルールはこうなっている！

通勤手当の有無や金額については、法律上は特段の決まりはなく、会社独自で決めることができます。

とはいえ、いったん制度を作ると安易に変更したり、廃止することはできなくなります。

たとえば、給与規程に「月1万円の通勤手当を支給する」と規定すると、会社の一方的な判断で月5000円に引き下げることは不利益変更になります。

第3章 給与

通勤手当の支給は会社の義務ではない
就業規則等で制度化されている場合は義務になる

正社員とパートで異なった取り扱いも可能
㊟正社員のみ通勤手当
㊟正社員は月○○円、パートは1日××円

通勤手段や距離に応じて金額が変わる場合
➡引っ越しや通勤手段の変更によって、トラブルが起こるケースも……

Aさんは事前に会社に申し出て、通勤手当が増額された

Bさんは会社に内緒で引っ越したため、通勤手当はそのまま

⚠さかのぼって通勤手当を支給する不合理が起こらないよう

「転居したときや通勤手段を変更したときは必ず会社に届け出ること」

を就業規則に規定しておく

書式 / 通勤手当申請書

平成〇年〇月〇日

株式会社Nプランニング
代表取締役　小山　一郎　　　殿

　　　　　　　　　所　属　業務部
　　　　　　　　　住　所　三重県鈴鹿市夢が丘一丁目23番地
　　　　　　　　　氏　名　〇〇　〇〇　　　　　　印

通勤手当（新規・変更）申請書

下記のとおり、通勤手当（新規・変更）申請書を提出いたします。

交通機関	区　間	所要時間	運　賃	定期(1ヶ月)
〇〇鉄道	〇〇駅 ～ △△駅	8 分	片道150円	5,610 円
△△バス	△△駅 ～ ××前	10 分	片道120円	4,900 円
	～	分	円	円
合　　計		18 分	片道270円	10,510 円

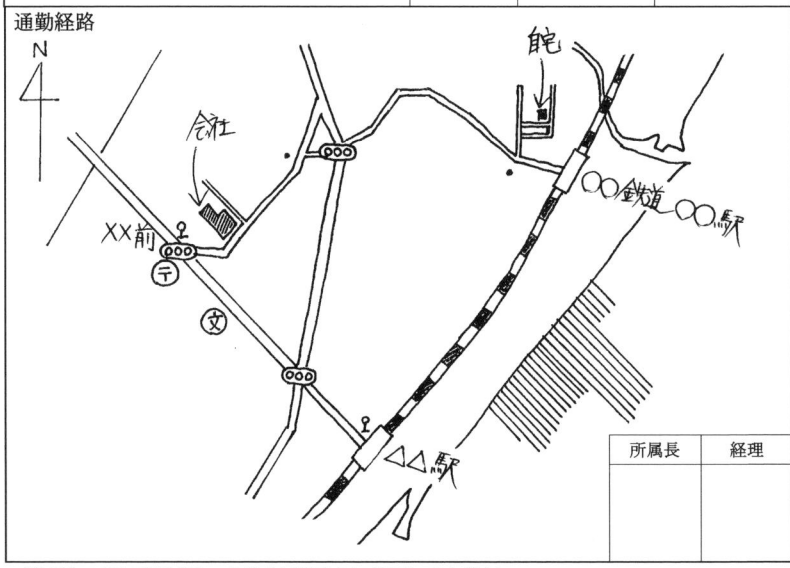

通勤経路

所属長	経理

【注意】上記に変更があった場合は速やかに提出してください。

通勤手当を軽く考えると、大変なことに……

　ある金融機関では、結婚や出産などを区切りに退職した人が、契約社員として再雇用されるという制度があります。本人が希望すれば、一定の選考の上で正社員に登用されるケースもあるため、従業員からはとても歓迎されています。

　契約社員は、正社員とは異なり日給制で雇用されていますが、通勤手当については正社員に準じた取り扱いで支給されていました。手当の金額は、通勤距離と通勤手段に応じて、5000円から1万円です。

　出産を機にいったん職場を離れていたAさんは、1年ほど前、契約社員として窓口に復帰しました。もともと優秀な社員として評価が高かったAさんは、復職後もみごとな働きぶりです。来年の正社員登用試験には、間違いなく合格すると社内でも評判でした。

　かつて同期だった同僚のBさんと仲がよかったAさんは、しばしば早く正社員として復帰したいという願望を語っていました。責任の度合いや残業の有無はともかく、業務内容自体は正社員とあまり変わらない契約社員の現状について、ことあるごとに愚痴をいっていたのです。

　Aさんは、Bさんから、正社員も契約社員も通勤手当の条件は同じだという話を聞かされます。以前に総務関係の部署を経験したBさんは、社内の労務関係の規定について知識があったのです。

　「1年前にさかのぼって、請求できるはずだよ」というBさんの言葉を受けたAさんは、再入社の日にさかのぼって、支給してほしいと掛け合います。

　Aさんの直属である課長は、契約社員の通勤手当については無頓着で、正社員同様の制度という認識はありませんでした。あえて本人に通勤手当の支給申請書を書いてもらう機会はなかったのです。

　さかのぼって請求されたAさんの通勤手当は、1万円×12か月＝12万円。就業規則に通勤手当の遡及について特段の規定はなく、かつて正社員でさかのぼって支給した例もあったため、会社としては拒むことはできませんでした。

　この件でAさんや部下と少し気まずい雰囲気になった課長は、それ以降、契約社員についても、必ず通勤手当の支給申請書を確認するようになりました。

第3章 Q9

パートに50円の昇給を行なったが、あまり喜んでくれない。やはり書面で伝えたほうがいい?

先日、年に一度の昇給時期に、古参のパートに対して時給の単価を上げました。相変わらず厳しいご時世ですが、「少しでも従業員のモチベーションがアップするのなら……」という思いからです。

ところが、誰ひとりとして感謝の言葉がないどころか、しばらくすると、口々に一体どういう基準で昇給を決めているのか教えてほしいと言い始めました。人によって差がつけられているのはどうしてなのかなど、会社の査定に不満があるようです。疑心暗鬼にならないよう、わかる形で説明したいと思うのですが、やはり書面で伝えたほうがいいのでしょうか。できれば、そんな面倒なことはしたくなくて、給与明細上に表示させるくらいにしておきたいのですが。他社ではどのようにしているのでしょうか。

会社の立場

毎日がんばってくれているパートの労に報いようと、パート全員を昇給させたが、なかなか会社の思いは通じないようだ。それどころか、「たったこれだけの昇給」「あの人と同じなんて」という声が聞こえる始末。どうしたらいいのだろうか。

非正規社員の立場

会社が昇給してくれたのはもちろん嬉しいけど、正直にいえば昇給の基準がよくわからない。

職種も勤務年数も業務のレベルも関係なくまったく一律なんて、やっぱり納得できない気がする。

VS

68

第3章 給与

パートの昇給には2つの側面がある

 会社全体の業績がよかったり、店舗の目標を達成したから、日々のがんばりに報いて、パートの給与を昇給させよう。このように考える経営者も多いものです。

 でも、思い切って時給を昇給させたものの、現場の雰囲気はまったく変わらない。それどころか、職場のあちこちで不満の声さえ漏れてしまっている。こんな経験をしたことはありませんか?

 パートの昇給には、2つの側面があります。ひとつは、企業全体や部署・店舗の業績が好調なことの反映として、パートの時給を昇給させるというパターンです。この場合は、基本的には所属するパート全員が一律に昇給することになります。

 もうひとつは、個人の業績成果や勤務態度に対する評価として、昇給させるというパターンです。この場合は、基本的に個人単位で昇給が行なわれることになります。パートとしての格づけが上がることによって、基本時給が上がるのも、このパターンになります。

 この2つは、基本的に異なる属性のものです。ですから、会社全体の業績を理由に昇給させる場合、十分な説明なく個人の昇給額に差をつけると、不満の対象にもなります。せっかくの昇給だから個人のがんばりにも報いたいという気持ちはわかりますが、安易に差をつけるのは好ましくありません。

モチベーションアップのための明確な基準作り

 個人の努力や成果に報いるための昇給と、企業業績を反映した昇給とは、基本的には分けるべきです。「なぜ、あの人だけ」といった不満が出るのを避けるためにも、全員を昇給させる際に個人の昇給額に差をつけるときは、特に注意しなければなりません。

 パートのがんばりを認めて昇給させる場合は、「どんな働きをしたから、いくら昇給」という会社側のモノサシを明らかにすることが大切です。たとえば、会社なりの評価基準を作って、A評価なら150円、Bなら100円、Cなら50円といった具合です。

 モチベーションをアップさせるためには、見習いパート、一般パート、シニアパート、リーダーパートなどの区分を設けるのも一案です。公平な基準による

評価制度は、パートの能力向上や職場の活性化にもつながります。こうした制度を導入することで、国から助成金がもらえるケースもあります。

たとえば、均衡待遇・正社員化推進奨励金などは、パートと正社員の共通の評価・資格制度や処遇制度の導入、共通の教育制度を導入し、適用した場合などに利用できます。

昇給はあくまで従業員に対する会社のメッセージなので、伝え方が重要です。すなわち、「お金の昇給」+「態度による評価」で初めてメッセージが届くのです。

そのためにも、昇給の通知は不可欠です。

面談評価の結果や上司からのコメントを記載するなどして、会社からのメッセージが本人に届くための工夫をしていきましょう。

用語

「業績評価制度」

会社や部門の業績にどれほど貢献したかによって、個人やグループ単位での人事評価を行なう制度。

最悪こうなってしまう！

パート全員を一律に昇給させてしまうと、職場に定期昇給の期待感が広がってしまいます。経営環境の変化によって、1年後に昇給できなかったとき、職場のモチベーションのダウンにもつながります。かといって、無理な昇給を認めれば、会社経営に大きな歪みが生まれます。6時間勤務のパート10人を50円昇給させると、年間約70万円のコスト増となります。

法律・ルールはこうなっている！

昇給の有無や金額については、特に法律上の制約はありませんので、会社の裁量と判断で決めていくことができます。ただし、昇給の制度がある場合には、採用時に交付する労働条件通知書にその旨を記載しなければなりません。

また、「毎年〇〇円を昇給させる」といったルールを就業規則に定めた場合には、いつまでもなく会社を拘束しますので、注意する必要があります。

第3章　給　与

パートの昇給は難しい

⮕ 昇給させても現場の雰囲気は変わらない

⮕ むしろ不満の声さえ聞こえてくる

昇給の2つの側面

❶ 全員が一律に昇給……企業全体や部署・店舗の業績の反映

❷ 個人単位で昇給……個人の業務成果や勤務態度に対する評価

「どんな働き方をしたら、いくら昇給」という会社側のモノサシをつくる

（例）

A評価	B評価	C評価
150円	100円	50円

（例）見習い ➡ 一般パート ➡ シニアパート ➡ リーダーパート

「お金の昇給」＋「態度による評価」

❗会社からのメッセージが大切

（昇給の通知、給与明細、個別面談、コミュニケーション）

書式 / 昇給通知書

業務部　　　　　　　　　　　　　　　　　　　　　　平成○年○月○日
○○　○○　　　殿

　　　　　　　　　　　　　　　　　　　　株式会社Nプランニング
　　　　　　　　　　　　　　　　　　　　代表取締役　小山　一郎　　印

昇　給　通　知　書

貴殿について、平成24年　7月度より、以下のとおり給与を改定します。

記

	現行	昇給後
時間給	900 円	950 円
	円	円
	円	円
	円	円

以上

昇給だけでは、会社の気持ちは伝わらない

　優秀な技術者を抱えるシステム開発会社Ａ社では、複数の契約社員が働いています。正社員は２人だけで、あとの５人はいずれも契約社員でした。

　昨今の厳しい経済情勢を反映して、この業界でも業績が低迷する会社が少なくありません。技術力には自負を持つＡ社でも例外ではなく、社長の判断で昨年から全従業員を対象とした、業績評価制度が導入されました。正社員はもちろん契約社員の給与も、業績評価に基づいて変動するのです。

　月給制の正社員、日給制の契約社員も、それぞれ担当した契約金額に応じて報奨金がつきます。同時に、半年単位の業績評価によって、手当や日給の単価自体も変動します。給与が上がるだけでなく、場合によっては下がるケースも出てくるという仕組みでした。

　この制度が導入されてからは会社全体の業績は上向いていたため、実際には給与が下がる人はおらず、各人の成績に応じて、数千円から数万円の報奨金が支払われました。新たな制度への不安を持つ人もいましたが、従業員全体としては納得が得られていたのです。

　新制度を導入して１年後、会社は創業以来の好業績を上げました。その成果に応じて、正社員、契約社員も含めた全従業員の給与の昇給がありました。技術者のモチベーション、営業担当の業績、社内の雰囲気やチームワーク、クライアントからの引き合い、すべてがうまく回っていた時期でした。

　でも、それから半年、さらに半年と、業績はしだいに下降していったのです。不況の影響や競合他社の動向もありますが、一番の原因は従業員のモチベーションでした。一度業績が悪くなって給与が下がり出すと、人間のやる気は損なわれ、さらに動きが悪くなるという、負のスパイラルです。

　昇給したときも、単に給与明細に刻まれる金額が増えただけで、特に決まった面談や通知は行なっていませんでした。給与が上がるときには意外と無頓着で、下がり出すと急に意識し始めるものです。

　業績評価と給与を関連づける上で、昇給（降給）の通知や、それを説明するための面談は欠かせないと痛感していると、社長は語ります。

第4章

労働時間

職場全体にメリットがある方法で、残業を指示しよう

第4章 Q10

毎日、2時間以上残業をしてしまっている契約社員がいる。残業を減らすためには、どうすればいい？

営業の補助的業務をしている契約社員数名が、このところ毎日のように数時間以上の残業をしています。会社としては、そこまで残業をしなければならないのかと思うのですが、彼らは「その日のうちに残務処理をしないと業務が溜まってどうしようもない」といいます。もちろん責任を持って仕事をしてもらうために、ある程度の裁量は持たせているのですが、中には「生活残業」なのではないかと思われるケースもあります。いずれにしろ、残業が恒常的に続いているのは、やはり問題だと思っています。過労による労災等が発生ともなれば、会社の管理や監督責任が問われることにもつながります。やる気をなくさないようにしつつ、日々の残業時間を減らすには、どういう対策が必要なのでしょうか。

会社の立場

このところ契約社員の残業が増えてきており、毎日2時間も3時間も会社に残る状態が続いてしまっている。緊急性の高い仕事ばかりではないはずなので、会社の指示に従って、残業は毎日1時間に抑えてほしい。

VS

非正規社員の立場

必要な仕事をやっていたら、とても定時には終わらないのだから、毎日の残業は仕方ないと思う。1日の仕事の流れをある程度任せてもらっている以上は、残業をするかどうかも自分の裁量でやらせてほしい。

第4章 労働時間

残業してくれる従業員はやる気のある人

毎日のように遅くまで残業する人は、どこの職場にもいるものです。契約社員やパートといった形態で働いていても、リーダーなどのポジションにあったり、人一倍責任感が強かったりする人は、やはり遅くまで職場に残ったりするものです。

会社としてまず認識しなければならないのは、これらの人の多くは「やる気のある人」だということです。正社員でないのに遅くまで残業を厭わないという人は、基本的には仕事に対して前向きな姿勢の持ち主だと考えるべきです。

まずは、これらの人たちには、まずは言葉で報いましょう。「今日もがんばったね」「いつも遅くまでごくろうさま」といった平凡な言葉を投げかけるだけでも、働く人の意識はずいぶんと変わってきます。

逆に、こういった努力を怠って、会社の意向で残業時間だけを削減しようとすると、かえって不信を買い、信頼を失ってしまうことにもなります。

なかには残業代が目当てで「生活残業」をしている

ような人もいます。そんな職場では、必ず日報を上司に提出してもらうようにしてください。残業時間になった業務を詳しく報告させるだけでも、従業員への大きなプレッシャーになります。それでも改善されないときは、躊躇なく個別面談してその旨を指摘します。これで、極端な「生活残業」は撲滅できます。

「時間外勤務申請書」による管理を徹底しよう

一所懸命に残業してくれるのは会社にとってありがたいですが、過度の残業が恒常的に続く状態を放置するわけにはいきません。1日2、3時間を超え、労災の認定基準にも達するような残業は、企業にとっては計り知れないリスクですし、同時に残業代の負担も重くのしかかってくることになります。

残業を削減するための第一歩は、会社（部署）の目標数値を明確にすることです。「残業は1日1時間まで」とか「1か月に20時間まで」という会社の意思を掲げ、これを超える人に対しては具体的な指導を課すようにしていきます。

その上で、残業は基本的に「許可制」にします。事

77

前に「時間外勤務申請書」を提出させ、会社が認めた時間のみを残業と認める仕組みにしていくのです。

もちろん、すべてを完全に事前許可にすることは不可能ですが、会社が強い意志をしめすことで、従業員の残業に対する意識は間違いなく高まります。

会社としては残業と認めたくないけど、従業員の判断で残業してしまったという場合、会社の意思で残業扱いとしないことは困難です。そんなときは、「本来では残業とは認められない」という評価をした上で、次回以降の改善を求めるようにしましょう。

ほとんどの従業員は、明確にしめされた会社の意思や制度には、従ってくれるものです。

【用語】
「黙示の指示」
労働者が自発的に残業や休日出勤を行なっていても、会社がそのことを知りながら中止させず放置した場合には、会社はその残業や休日出勤を認めたことになること。

最悪こうなってしまう！

長時間労働の状態が続いてしまうと、肉体的・精神的負担が蓄積することで、さまざまな疾病の引き金になってしまうことがあります。

労災の「過労死」の認定基準では、発症前1か月間におおむね100時間を超えるなどの時間外労働を行なった場合に関連性が強いとされています。

仕事が原因で重症な疾病を招いてしまうと、会社が民事上の損害賠償を請求されることもあります。

法律・ルールはこうなっている！

必ずしも会社が具体的な指示をしておらず、業務量が多すぎることを理由に従業員が勝手な判断で残業をしていた場合でも、会社が「黙示の指示」をしていたと見なされれば、残業代を支払わなければなりません（昭和25・9・14 基収第2983号）。

「黙示の指示」という考え方は、平成19・10・19 最判二小 大林ファシリティーズ事件など、多くの判例によって支持されています。

78

第4章 労働時間

契約社員、パートでも毎日のように残業する人がいる
　⮕ 残業する人の多くは「やる気のある人」

まずは言葉で報いることが大切
「今日もがんばったね」「遅くまでごくろうさま」
　⮕ 残業時間だけを問題にすると、かえって不審を買う

残業代が目当ての「生活残業」への対策

❶ 残業時間に行なった業務を日報で報告させる
❷ 個別面談して残業時間の長さを指摘する

行き過ぎた残業は、労災リスクも伴う

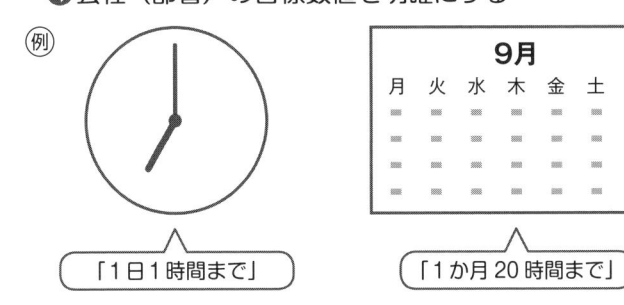

⮕ 会社（部署）の目標数値を明確にする

（例）

「1日1時間まで」　　「1か月20時間まで」

⚠ 残業は基本的に「許可制」にする
　事前に「時間外勤務申請書」を提出させる

書式 / 時間外勤務申請書

平成〇年〇月〇日

株式会社Nプランニング

代表取締役　小山　一郎　殿

所　属　業務部

氏　名　〇〇　〇〇　　　　　印

時間外勤務申請書

下記のとおり、時間外勤務の申請をいたします。

予定日	6月30日（土曜日）
予定時間	17時00分 ～ 18時00分
業務内容	納品業務（M社様　受注分）
残業の必要性について	急な注文が入り、本日中に納品しなければならないため

以上

所属長

許可制にすることで残業を減らす

　あるウェブデザイン会社では、契約社員の残業が問題になっていました。昨今はたび重なる人件費の抑制により、正社員は最小人数にまで減らされ、その穴を契約社員や派遣社員が担うという構図が続いていました。その上、新たなシステムの導入や取引先の増加等で、会社始まって以来の繁忙期にあったため、通常の勤務ではとても業務が滞ってしまう状況だったのです。

　正社員のほとんどは管理職でもあるため、自分の勤怠をコントロールできる余地がありますが、契約社員はそうはいきません。若手が中心であるから、どちらかといえば残業してでも稼ぎたいと考える人も多いのが現状でした。

　毎月の残業時間は70～80時間にも上り、中には100時間近くになる人もいました。同時に、複数の人が体調不良を訴えて病院に通院し始め、軽いうつ病の診断を受ける人まで出てきたのです。

　仕事が原因でメンタルに悩みを抱え、うつ病を発症する人が出てくることで、会社が窮地に追い込まれるケースがあることを知っていた社長は、顧問社労士とも相談して、契約社員の増員とともに他の部署からの正社員の配置換えを進めます。

　1人あたりの業務量は確実に落ち着いてきたはずですが、なかなか残業時間は減りません。なかば習慣化した勤怠リズムを一気に変えるのは、そうそう簡単ではないのです。一方で、遅刻が相次いだり、体調を崩しがちな人も増えています。

　そこで、残業自体を「許可制」にすることにしました。残業時間を報告するだけの残業届をあらため、「時間外勤務申請書」を提出してもらうことになったのです。基本的には事前に許可申請書を提出し、やむを得ない場合は事後に許可を求める。この方法に変えてから、残業時間は徐々に減少していったといいます。

　必要な残業申請については、もちろん却下することはありませんが、毎月の目標時間数を設定し、それを大きく上回る人については、個別面談の場を設けて指導していく。このことを通じて、残業時間数はしだいに抑制されるようになり、従業員とのコミュニケーションも円滑になったといいます。

第4章 Q11

仕事量が増えたので、シフト制の交代勤務をさせたい。どのような手続きが必要？

2年前から介護施設を経営しています。このところ施設利用者さんの増加に伴い、業務量が急激に増えだしてきました。従業員の残業も増えてきたので、シフト制の交代勤務にしようと考えています。また、変形労働時間制を取り入れることで、残業代の削減にもつながることも知りました。

ところが、一部のパートからは「いきなり交代制の勤務になると、生活が混乱するから困る」との声が上がったのです。個人的な気持ちもわからないわけではありませんが、職場全体としては、明らかにメリットがあるので困っています。

反対意見があると職場の輪を乱すことにつながり、逆に業務がやりづらくなります。なんとか、みんなを納得させることはできないものでしょうか。

会社の立場

介護施設でのヘルパー業務という仕事の性格上、シフト制による変則的な勤務スケジュールになるのはやむを得ない。適法な手続きによってシフトを組んでいる以上は、当然、契約社員にも理解してもらえるはずだと思う。

非正規社員の立場

入社したときはまったく話を聞いていなかったのに、突然シフト勤務に変わるというのは納得がいかない。

いくら交代制とはいっても、勤務時間が8時間を超えたら残業代をもらうのは、当たり前だと思う。

VS

第4章 労働時間

変則的なシフト制には変形労働時間制を導入

今までは昼間の時間帯でしか営業していなかったが、これからは夜まで業務を行なうことになったとか、定年後の年金受給者の人をどんどん採用したいという場合には、労働時間の短い雇用形態の人で職場を切り盛りするため、シフト制を導入することになります。

この場合、1日8時間、1週40時間のルールに収まらない人が出てきたり、月間あるいは年間の業務量に変化が大きいときは、変形労働時間制を活用することになります。

変形労働時間制とは、ある一定期間の労働時間が平均して1週40時間に収まるように工夫する制度のことで、1年単位、1か月単位、1週間単位、フレックスタイム制の4種類があります。

シフト制の場合、月の業務量の変化が激しい場合は1か月単位、季節の業務量の変化が激しい場合は1年単位の変形労働時間制を導入します。

1年単位の変形労働時間制を採用する場合には、年間カレンダーを作成し、従業員の代表者と労使協定を結んだ上で、それらを労働基準監督署に届け出ます。同時に1年単位の変形労働時間制の勤務形態のルールを整えるため、就業規則の内容も変更します。

このような手続きを踏むことで、1年を通じて平均して1週40時間に収まれば、ある特定の週が40時間を超えるというシフトも可能になります。この場合、超えた部分も残業にはなりません。

顧客目線に立った勤務形態をみんなで考えよう

変形労働時間制を採用すれば、自動的にシフト制が導入できるかというと、そう簡単ではありません。入社時に約束した勤務形態を会社の意向で変えようとすると、それに同意できずに反発する人も出てきます。

会社としては、まずは全員参加の社内会議などの場で、シフト制の導入の理由と内容について、説明しましょう。この際、実際に導入するまでに2、3か月の間をあけるのが理想的です。間違っても、すぐに導入ということのないよう、注意しましょう。

それでも納得がいかないという人に対しては、時間をとって個別面談します。家庭の事情、健康状態、交

通勤手段など個別の事情については、詳しく聞いた上で、できるかぎり配慮する姿勢を心がけます。具体的には、同じグループ内での入れ替えや現場業務の調整など、なるべく自主的な解決を促します。

ある企業で取り組んでいるのは、ワークショップ形式でのシフト制の導入です。職場のメンバーが全員参加して、お客様目線に立って、自分たちの取り組みや改善点を考えます。その討議の延長として、自分たちが働く勤務スタイル、すなわちシフト制についても具体的に考えるのです。

会社が押しつけた制度なら反発も生じますが、「お客様のためにやるべきことを自分たちで考えよう」ということなら、意見もまとまりやすくなるものです。

用語 「変形労働時間制」

一定の期間を区切って、その間の各週の労働時間の平均が40時間以内になるように設定する制度。1年単位、1か月単位、1週間単位、フレックスタイム制がある。

最悪こうなってしまう！

会社が一方的にシフト制の導入を強行しようとすると、最悪の場合は退職者が出てしまいかねません。こうなると会社が行なう新しいシフト制への変更は難しくなります。会社の方針に従ってくれる人がいたとしても、深刻な混乱は免れません。結果として、会社の事業運営全体が滞ってしまうことにもなります。

法律・ルールはこうなっている！

1日8時間、1週40時間の原則を変更するようなシフト制を組むためには、必ず変形労働時間制のルールに則る必要があります。

1年単位の変形労働時間制を導入するには、出勤日と時間を明確にしたカレンダーを作成し、労使協定を締結して、行政に届け出なければなりません。この手続きを踏まない場合には、1日8時間、1週40時間の原則通りに残業代が発生します。

第4章 労働時間

- [ ] 新たに夜間にも業務を行なうことになった
- [ ] 労働時間の短い雇用形態の人たちで職場を切り盛り
- [ ] シフト制による交代勤務

　⮕ **変形労働時間制の導入**
　（一定期間の労働時間が平均して1週40時間に収まるように工夫する制度）

- 1年単位の変形労働時間制
- 1か月単位の変形労働時間制
- 1週間単位の変形労働時間制
- フレックスタイム制

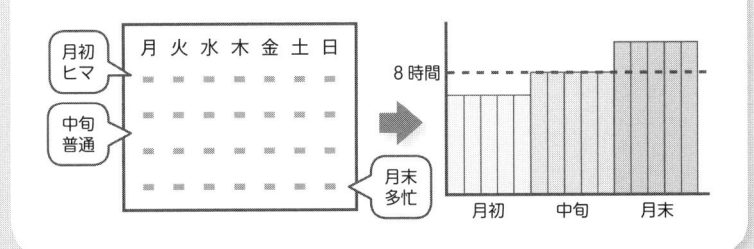

（月初ヒマ／中旬普通／月末多忙　→　月初・中旬・月末　8時間）

変形労働時間制を導入するときのポイント

❶ 全員参加の社内会議等で導入の理由と内容を説明

❷ 納得しない人とは個別面談
　家庭の事情、健康状態、交通手段等の事情にはできるかぎり配慮

❸ ワークショップ制の導入
　職場全員参加でお客様目線で自分たちの取り組みや改善点を考える

書式 / 変形労働時間制協定書

1年単位の変形労働時間制に関する労使協定

（対象労働者）
第1条　本協定は、当事業場の全労働者に適用する。
　　２．前項の規定にかかわらず、妊娠中または産後1年以内の女性労働者が請求した場合は、本協定はその女性労働者には適用しない。
　　３．育児を行う者、要介護常態にある家族等の介護を行う者、職業訓練又は教育を受ける者その他特別の配慮を要する従業員に対する本協定の適用に当たっては、これらの者が育児等に必要な時間を確保するものとする。

（対象期間及び特定期間）
第2条　平成24年4月1日から平成25年3月31日までの1年間の勤務時間については、本協定の定めるとおりとする。特定期間は定めない。

（労働時間数等）
第3条　所定労働時間は、1年単位の変形労働時間制によるものとし、1年を平均して週40時間を超えないものとする。
　　　　1日の所定労働時間は7時間30分とし、始業・終業の時刻、休憩時間は次のとおりとする。
　　　始業：8時00分　　終業：17時00分
　　　休憩：10時00分～10時15分、12時00分～13時00分、15時00分～15時15分
　　　業務の都合その他やむを得ない事情により、これらを繰り上げ、または繰り下げることがある。

（休　日）
第4条　第2条の期間中における休日は、105日とし、連続労働日数の上限は6日とする別紙年間カレンダーのとおりとする。

（時間外労働手当）
第5条　第3条に定める所定労働時間を超えて労働させた場合は、時間外労働手当を支払う。

（中途採用者等）
第6条　第2条の期間中に採用、又は退職した場合には、対象期間中労働させた期間の総所定内実労働時間を平均して1週間当たり40時間を超えた時間について対象期間終了後、又は退職後の最初の賃金支払日に時間外労働手当を支払う。ただし、この場合の割増率は、既に所定内賃金が支払われている場合を勘案し、0.25とする。

（有効期間）
第7条　本協定の有効期間は、平成24年4月1日から平成25年3月31日までとする。

平成 24 年 3 月 20 日
株式会社Nプランニング
使用者職氏名　代表取締役　小山　一郎　　　印

労働者代表　業務部主任 ○○　○○　　　印

業種によって、導入すべき変形労働時間制は違う

　行楽シーズンには全国からリゾート客が押し寄せる観光旅館では、季節によって業務量が大きく変動します。正社員もそうですが、パートやアルバイトとなると、繁忙期とそうでない時期とでは、そもそも求められる仕事の質や人員数が変わってくることもめずらしくありません。

　そこである旅館の支配人は、以前、書籍で勉強した知識をもとに、１年単位の変形労働時間制を導入しました。年間カレンダーによって、パートやアルバイトのシフトが組める仕組みは、季節によって繁閑の差が激しい旅館の仕事には、ぴったりの制度だと考えたからです。

　ところがいざ導入してみると、思ったほどうまくはいきません。宿泊予約の動きや施設を利用するお客様の入りは、直近の天候や景気の動向、そして災害や風評などにも影響されるので、前もって１年間の予定を立てても、その通りにいくことはなかったのです。

　正社員の場合は、残業時間や他の業務との調整によって、ある程度はコントロールすることもできます。問題なのは、圧倒的多数を占めるパート・アルバイトでした。あらかじめシフトを組んで勤務してもらっているので、そのつど調整することは決して容易ではないのです。

　１年単位の変形労働時間制によって年間カレンダーを決めてしまうと、繁忙期に組んだシフトに従って、実際には仕事量が少ない日についても、出勤日ということになってしまいます。かといって、変形労働時間制自体をやめてしまうと、単純に残業が増えることにもなるので、なかなかそうもいきません。

　迷った末に支配人が出した結論は、１年単位の変形労働時間制ではなく、「１か月」単位の変形労働時間制。この制度に切り替えると、１年ではなく、「１か月」を単位として、「ある日は労働時間を減らして、ある日は労働時間を増やす」というスケジュールが組めるのです。

　「これから１か月の予定なら、今までの経験と勘を頼りに、かなり正確なシフトを組めるよ」。

　この制度に変えてからは、今までのように頭を痛めることもなくなったといいます。

第4章 Q12

機密保持のため、昼休みには外出してほしくない。従業員には社内で昼食をとってもらえばいい?

わが社では、従業員のお昼休憩は、社内休憩室で過ごしてもらうようにしています。近くに飲食をする店舗もないし、何よりも勤務中は、各人がそれぞれの部署で働いているので、休憩時間くらいは、みんなが一同に集まり、連帯感を深めてほしいという思いからです。

ただ、一部の従業員から、「お昼の休憩は昼食だけではなく、個人的な用事をすませるための外出がしたい」「本来、休憩時間は拘束されない時間のはずなのに、会社がその時間を拘束したり制限したりするのはおかしいのでは」という声があがってきています。

もちろん、所用をすませたり、気分転換をしたいという思いもわかるので、事前に申請をしてもらえれば、外出することは認めたいと思っています。法律的にはどうなのでしょうか。

会社の立場

当社では、お昼休みは基本的に休憩室でとってもらうようにしています。市街地からかなり離れた立地にあるため、それが不便に感じるという声はほとんどありません。所用のある人は、事前に上司の許可をもらって外出してもらうようにしています。

VS

非正規社員の立場

今どき、お昼休みの過ごし方を会社に拘束されて、自由に過ごすことができないというのは、考えられないと思う。勤務時間ではないのだから、外食しようが、趣味の時間にあてようが、それはまったく本人の自由だと思う。

第4章 労働時間

昼休みの外出禁止の意味を考えよう

今は「うちはお昼休みにどう過ごそうが自由だ」という会社が多いと思います。でも、なかには昼休みは外出禁止という会社もあります。理由としては、時間管理や機密保持、従業員の安全確保といった点が挙げられます。

物理的に外出が困難な郊外の工場や、制服のまま外出することがはばかられる医療機関や金融機関などでは、外出が規制されている例も多いようです。明確な理由と基準のもとにルール化されているのであれば、外出を許可制にすること自体は、問題ではありません。

でも、ここで少し立ち止まって考えてみてください。そもそもお昼休みの外出を禁止している理由は何なのでしょうか？　会社がそのような取り扱いをしていることによって、従業員はどう感じているのでしょうか？

休憩時間の外出を規制しても、そもそも休憩は自由に過ごさせなければなりませんから、会社には大きな自由にメリットはないはずです。外出を許可制にするなどハードルを高くすると、従業員のモチベーションが下がることはあっても、上がることはかなやかなものにしたほうが、会社にとってもプラスになります。ですから、休憩時間の規制はできるかぎり緩やかなものにしたほうが、会社にとってもプラスになります。許可制ではなく届出制に、そして完全な規制ではなく1週に1回は自由に外出できる日を作るなど、従業員の自由度が増す方向に改善していきましょう。

「昼休みの雰囲気」が会社のカラーを作る

従業員が昼休みに社内で過ごすことのメリットは、機密保持や安全確保といったハード面だけではありません。同僚と自然に打ち解けることができるとか、上司とのメンタル面の距離を縮めることができるといったメリットもあります。

会社としては、こうしたソフト面のメリットをいかに職場にもたらしていくかという視点を大切にしたいものです。

ある工場では、従業員の意見を取り入れて会社が昼食代の一部を負担するようになりました。みんなで相談して決めたお弁当を、みんなで一緒に食べるように

なってから、職場の雰囲気がよくなってきたといいます。正社員も、パートも派遣社員も、分け隔てなく交流できる昼休みは、貴重な意思疎通の場なのです。

またあるイベント会社では、定期的にランチミーティングを行なっています。月に1回の会議のほか、企画単位でのミーティングなども、社内の会議室でみんなが一緒にランチをとることから始まります。昼食ですから強制参加ではありませんが、契約社員や派遣社員の多くも、会社の幹部と直接話ができる機会を楽しみにしているといいます。

昼休みは午後からの勤務に備えて心身を休息させる貴重な休憩時間ですが、同時に職場の雰囲気を通じて「会社のカラーを作る時間」でもあります。従業員が楽しめる昼休みを目指していきたいものです。

用語「機密保持」
職務上で相手方から知り得た情報のうち、第三者に開示および漏洩してはならない情報をいう。

最悪こうなってしまう！

昼休みの外出を許可制にするのは構いませんが、「パートだけは許可制」とか、「外食は可能だが自宅に帰るのは不可」といった不合理な規制は無効となる可能性があります。

また、昼休みの電話応対を義務づけると、労働時間の扱いになります。別に休憩時間を与えないと、その間の給与を請求されることがあります。

法律・ルールはこうなっている！

休憩時間の外出を許可制にすることは認められますが、会社内で自由に休息させるものでなければなりません（昭和23・10・30 基発第1575号）。ただし、許可には客観的な基準が必要となります。

運送業、商業、金融、郵便、通信、保険、旅館・飲食店などでは、お昼休みを交代制にすることができます。それ以外の事業でも、労使協定を締結することで、交代制による休憩が可能になります。

第4章 労働時間

昼休みの外出禁止（許可制）
　➡明確な理由と基準のもとにルール化されているなら、違法ではない

[NG] 会社にも、従業員にも、大きなメリットはない
　➡規制はできるかぎり緩くしたほうがいい

みんな社内で過ごすなら、職場にメリットをもたらす視点を

- 従業員の意見を取り入れて、会社が食事代を一部負担
  - ➡みんなで同じ食事をとるようになってから、職場の雰囲気が改善
- 定期的にランチミーティング
  - ➡契約社員や派遣社員も幹部と直接話ができる機会を楽しみに

昼休み＝職場の雰囲気を通じて「会社のカラーを作る時間」

書式 / 外出願（届）

平成〇年〇月〇日

株式会社Nプランニング
代表取締役　小山　一郎　殿

所　属　業務部

氏　名　〇〇　〇〇　　　　印

外　出　願（届）

下記のとおり、外出願（届）を提出いたします。
どうぞ、よろしくお願いいたします。

外出日時	7月 2日 （月 曜日） 15時 00分 ～ 16時 00分まで
外出事由	朝方に自宅にて左手を捻挫してしまった。痛みがひどくなってきたので、病院へ行くために外出いたします。

以上

所属長

休憩時間のルールでモチベーションアップ

　ある事務機器メーカーの販売店では、2人のパートが勤務しています。それぞれ経験豊かで、勤務態度もまじめだったので、社長は安心して仕事を任せていました。いわゆる内勤の正社員は経理の担当者1人だけだったので、電話対応や通常の事務作業の多くはパートが担っていたのです。

　この会社で最近問題になっていたのが、お昼休みの取り扱いです。仕事がら、お昼は1日の中でも最も忙しい時間帯です。取引先や営業担当者からひっきりなしに電話がかかってくるので、その対応だけでもかなりの負担になります。

　勤務形態としては、12時から1時までが休憩時間だったので、この1時間はそれぞれが昼食をとりつつ、休憩することになっていました。しかし、とてもゆっくり休んでいられるような状況ではなかったので、2人が自主的に相談し合って、交互に昼食をとるようになっていました。

　本来は自由に休憩できるはずのお昼休みが、半分以上、事実上の業務時間に充てられていることについては、2人とも内心は不満に思っていました。しかし、同時に仕事の全体の流れをみたならば、今のところはやむを得ないという考えでも一致しており、表立って不満が口にされることはありませんでした。

　ところが、パートの1人が家庭に寝たきりのお祖父さんを抱えるようになり、その介護のためにほぼ毎日お昼休みに外出するようになってから、状況が一変します。家庭の事情だから仕方がないと理解しつつ、その分の負担がもう1人のパートにのしかかってきたことへの不満が爆発したのです。

　直接不満を聞かされた社長は、申請すればお昼休みも残業時間として扱うということで説得しようとしますが、それでも不満は収まりません。本人は、金銭だけが目的なのではなく、会社の対応が曖昧で無責任なことに苛立ちを覚えていたのです。

　部下たちと相談した社長は、内勤社員のお昼休みの過ごし方をルール化することにしました。就業規則を変更し、労使協定を結ぶことでお昼休みを交代制にし、外出については届出制とする。ルールを明確にすることで、モチベーションも高くなったといいます。

第5章

休日・休暇

やる気を高めるために、休暇制度を整えよう

第5章 Q13

子どもの入学式に出るために、半日の有給休暇を取りたいという申し出があった。会社としては、どうすればいい?

3月の終わり頃、突然に複数のパートの女性たちから、「入学式の半日は、有休を取らせてほしい。一生に一度のことなので、絶対に出席したい」という有給休暇の申し出がありました。

気持ちはわかるのですが、実はうちの職場にとって、4月は一番の繁忙期。同じ日に複数人に休まれると、たとえ半日でも仕事にならないのです。かといって臨時に誰かを雇うこともできず、真剣に悩んでいます。状況によっては取引先にも迷惑をかけかねないので、こんなときに有休を取る人には何らかのペナルティーを与えたいくらいの思いです。

最近は、父親も入学式に出席するのが常識になりつつあるようで、入学式に一斉に有休を取るケースがさらに増えそうです。どう対応したらいいのでしょうか。

会社の立場

複数のパートから、入学式に出るために午前中だけ有休を取りたいといわれたが、うちの会社では半日有休は認めていない。繁忙期に休む人をこれ以上増やさないためにも、半日ではなく1日の有休を取ったものとして扱いたい。

非正規社員の立場

一生に1回の子どもの小学校の入学式くらいは、有休を取らせてくれてもいいのではないかと思う。

仕事を第一に考えているから、午後からは出社したいといっているのに、半日有休は認めないとはあまりにひどい。

VS

第5章 休日・休暇

会社は半日有休を与える「義務」はない

「いまどき、半日有休なんて常識じゃないの」「法律が変わって、時間単位でも有休が取れるようになったらしいよ」。あなたの会社でも、こんな声が聞かれるのではないでしょうか。

世間ではかなり誤解されている向きもありますが、結論からいえば、半日有休も、時間単位の有休も、会社の「義務」ではありません。あくまでうちの会社は認めないというルールであれば、それはそれで差し支えないのです。

半日単位の有休は、労使の合意を受けて会社が就業規則に規定することで、発生します。従業員が要求してきたとしても、就業規則で制度化されていなければ、会社は拒むことができるのです。

時間単位の有休の場合は、就業規則への規定に加えて、会社と過半数労働組合、または過半数代表者との間での労使協定の締結が必要です。会社が協定締結に応じなければ、時間単位の有休は発生しません。

労使協定では「対象労働者の範囲」を記載することになっていますから、正社員だけに適用してパートには適用しないということも可能です。ただ、労務管理上、あまり極端な扱いをすることは得策ではありません。どうしても区別する場合は、誤解や不満が出ることのないよう、あらかじめ会議や説明会などの場で、十分な説明を行なっておく必要があるでしょう。

「お客様目線」を共有して、有休取得を奨励しよう

会社にとっては、有休はあまり取ってほしくはないものです。働かない日（時間）に対して、給料を支払うわけですから、会社の立場からすれば当然です。

でも、むやみに有休の取得を抑制しては、かえって逆効果です。いうまでもなく従業員のモチベーションは下がり、何かと不満が目立つようになってきます。たった1日の有休をめぐって会社への不信がつのり、従業員と冷戦状態になったり、退職に追い込んでしまうことも珍しくはありません。

「仕事が忙しいからむやみに有休を取るのはやめてほしい」といったところ、深刻な労使トラブルに発展してしまい、結果として退職を決意させてしまったら、

残りの有休をすべて請求されることにもなります。これでは、何を目的としていたのかわかりません。

有休には「計画的付与」という制度があります。労使協定を締結することで、会社が指定した時季に与えることができるという制度ですが、これを個人の要望を踏まえて活用するという方法がおすすめです。

有休の年間計画表を作る際に、「お客様目線」を共有しつつ、グループやチームごとに相談して取得日を決めていくのです。繁忙期には休めない、一緒には休めないという制約の中で、みんなで計画表を作り上げていくと、間違いなく職場に一体感が出てきます。有休に関するトラブルを防ぐ効果的な一手でしょう。

用語

「時間単位の有休」
有給休暇を1日単位ではなく、時間単位で取得させること。労使協定が必要であり、年5日分が上限となる。

「計画的付与」
有給休暇のうち5日を除いた残りの日数を、会社の実態に合った方法で付与すること。労使協定が必要。

最悪こうなってしまう!

半日有休は、会社が制度として導入していなければ、必ずしも認める義務はありませんが、過去に前例がある場合には、争いになるケースもあります。あくまで公平な扱いを心がける必要があります。
また会社が半日有休を認めず、1日単位の有給休暇にこだわった場合は、従業員がモチベーションを損ない、職場全体が会社に反発心を抱くなど、重大な悪影響が出てしまうこともあります。

法律・ルールはこうなっている!

労働基準法では、有休の取得は1日単位が原則ですが、労使双方が合意した場合には「半日単位」で与えることができます。ただし、これは義務ではないので、あくまで会社の裁量で判断できます。
また平成22年4月からの法改正により、過半数労働組合または過半数代表者との間で労使協定を結んだ場合には、年5日を限度として「時間単位」で与えることもできるようになりました。

第5章 休日・休暇

半日単位や時間単位の有給休暇
　➡ 法律上の「義務」ではない
- 半日単位＝労使の合意＋就業規則の規定
- 時間単位＝労使の協定＋就業規則の規定

正社員とパートの扱い方を変えることも可能
　➡ 労務管理上は好ましくない
　　（理由と十分な説明が必要）

会社にとって、働かない日に給料を支払う有休は、好ましくない

[NG] むやみに有休を抑制すると、かえってモチベーション低下

計画的付与＝労使協定を結んだ上で、会社が指定した時季に有休を取得させる
　➡ これを個人単位で活用

「お客様目線」を共有して、グループやチームごとで相談して、有休計画表を決める
　➡ 職場に一体感が出て、トラブルを未然に防げる

書式 / 年次有給休暇申請書

株式会社Nプランニング
代表取締役　小山　一郎　　　殿

　　　　　　　　　　　　所　属　　業務部
　　　　　　　　　　　　氏　名　　○○　○○　　　　印

年次有給休暇申請書

下記のとおり、年次有給休暇申請書を提出いたします。

申　請　日	平成24年　7月20日	
期　　間	7月 30日（　月　） 7月 31日（　火　）	（ 2 ）日間
休暇事由	子供の夏合宿に付き添うため	
備　　考		

以上

承　認　日	所属長	備考
平成 24 年　7 月　25 日		

（注意）・届出は休暇の7営業日前までに提出してください。
　　　　・届は自ら所属長の承認を得て提出してください。
　　　　・休暇が1週間以上にわたるときは、連絡先を備考欄に記入してください。

突然、有休を取られると、シフトが組めなくなる

　介護ヘルパーを雇用する介護施設では、シフト制を導入しているケースが多いものです。特に短時間勤務の契約社員の場合には、交替制によって勤務スケジュールを組み立てる必要があるため、経営陣の悩みは尽きません。

　ある介護施設の経営者は、有給休暇の取扱いについて頭を痛めていました。契約社員の中には、子供やお年寄りなどの家族の都合で欠勤せざるを得ない人が多いので、どうしても有給休暇を取る機会が増えがちです。しかも、家族の事情で突発的に休むことが多いので、シフトを変えてスケジュールを組み直すことは、現実的に難しいのです。

　有給休暇は労働者の権利である以上、基本的には会社の判断で拒むことは許されません。ただ、朝になって突然電話連絡が入って、簡単に有給休暇を取られるということが相次いだので、現場の混乱は相当なものになっていました。

　何らかの改善策を講じる必要があると危機感を覚えた経営者は、職場の班長を通じて、現場のヒアリングを始めました。昼休みやミーティング時に現場の声を聞いたところ、次のような意見に集約されました。

「家庭の都合でどうしてもお休みを取らざるを得ないから、ぜひ個人の事情を理解してほしい」。

「ただ、同僚に突然休まれると現場が混乱することも事実なので、何かルールがあればありがたい」。

　施設側は、班長とも相談して、これらの意見を踏まえて、数か月かけて今後の方向性をまとめることにしました。その結果は、就業規則を次のように変更するというものでした。

「年次有給休暇の取得を請求しようとする者は、所定の手続きによって遅くとも３営業日前までに、その時季を所属長に申し出なければならない」。

　今までは特にルール化されていなかった有給休暇の取得のルールを「３営業日前までに」と取り決めたことで、有給休暇の申請があったときにも、最低限のシフト変更が可能になりました。

　一見すると厳しい決め事のようですが、ルールを明確にしたことで、かえって職場の雰囲気がよくなり、モチベーションも上がってきたといいます。

第5章 Q14

今度結婚するパートから、1週間ほど休暇を取りたいという希望があった。どうすればいい?

入社3か月のパートの女性が、「来月に結婚するので、1週間ほど休暇がほしい」と願い出てきました。

ここ最近は式の準備に忙しく、仕事に対する気持ちも浮いているように見えます。パートとはいえ経理補助という重要な仕事をやってもらっているので、仕事への意識が低下しては困ります。

入社して間もないので、当然ながら有給休暇はまだ発生していないのですが、欠勤扱いというのはあまりに酷かなと思っています。慶弔休暇制度を設けてはいるのですが、現在の就業規則は正社員用なので、パートは原則として適用外なのです。

会社としては結婚後も勤務を続けてもらいたいと思っているので、できるかぎりのことはしてあげたいのですが、どう対応したらいいのでしょうか。

会社の立場

結婚するパートから、「新婚旅行に行くのでお休みを取りたい」と申し出があったが、当社ではパートに特別休暇を与えることは認めていない。パートに特別休暇を与えるかどうかは会社の裁量で決められるはず。したがって、欠勤扱いにならざるを得ない。

VS

非正規社員の立場

正社員の人は新婚旅行に行くと1週間くらいの特別休暇をもらっているのに、パートにはまったく認められないというのは、おかしいと思う。

冠婚葬祭のときくらいは、パートにも正社員と同じ権利を認めてほしい。

第5章 休日・休暇

パートと正社員で異なる取り扱いは可能

女性の社会進出が定着し、男性も女性も等しい立場で仕事に向き合う世の中ですから、もちろん働く女性の多くが結婚後や出産後も仕事を続けます。これは正社員だけでなく、パートや契約社員にも、まったく同じことがいえるでしょう。

結婚すると挙式や新婚旅行を理由として、1週間程度の休暇を取るのが一般的です。この期間は社会的にも冠婚葬祭の延長線上と認められているため、多くの会社は欠勤扱いとはせずに、休暇として扱っています。パートにも同様の取り扱いをしなければならないのでしょうか。結論をいえば、そのような義務は会社にはありません。

一般的な就業規則では、正社員用の規則では特別休暇を認めていても、パート用の規則では認めていないというのが典型的です。そのように定めている以上は、正社員とパートとで異なる取り扱いをすることは問題ありません。

パート用の規定を定めていない場合は、正社員と同じ扱いをする必要がありますから、注意しなければなりません。

それでは、会社が「本人が結婚したときは7日間の特別休暇を与える」というルールを決めていた場合、有休を消化させることなく、特別休暇を認めている会社も多いでしょう。

今まで正社員のみだった会社が、新たにパートを採用するときなどは、要注意ですね。

結婚するパートと会社はどう向き合うべきか

会社は、結婚するパートに特別休暇を与える義務はありませんが、だからといって、何の問題も起こらないとはかぎりません。むしろ、結婚という人生の節目を迎えて、仕事に対する熱意やスタンスが揺らぎがちになる従業員も多いものです。結果として、会社との思惑のズレやトラブルも頻発しがちなのが、この時期だともいえます。

挙式や新婚旅行の期間を有休消化で充てられる人は問題ありませんが、有休日数が足らない人や、そもそも入社直後で有休が発生していない人は、欠勤扱いに

せざるを得ません。会社がこう取り扱うのは、何ら間違っていません。しかし、この間の給与が発生せずに収入減になることを不満に思う人も少なくはありません。

会社が、職場に欠かせない戦力として大事に向き合っていきたいのであれば、その意思を形にしたほうがいいでしょう。

いくら会社が本人に期待をかけていて、本人も引き続きがんばろうと思っていても、「結婚したのだからどうせ家庭中心になるんじゃないの……?」という周囲からの「偏見」によって、微妙な距離感が広がってしまうこともあります。

パートに特別休暇を与えることができない場合は、ぜひ結婚祝金を制度化しておくべきです。金額はともかく、本人にも家族にも会社の意思を示すことができます。

給与として支給するのが困難なら、従業員互助会などの制度によって充てる方法もあります。

最悪こうなってしまう!

パートに特別休暇を与えるかどうかは会社の裁量で決められますので、もちろん与えないことも可能です。ただし就業規則にパートのためのルールが規定されていないと、正社員のルールがそのままパートに適用されてしまうことになります。

パート就業規則がなく、就業規則にパートの特例もない場合、たとえば「パートにも7日間の特別休暇を与える」というルールが適用されてしまいます。

法律・ルールはこうなっている!

正社員とパートとで、特別休暇の制度や日数に差を設けることは、法律上は差し障りありません。ですから、就業規則で結婚を事由とする特別休暇を制度化していても、パート就業規則にそれを適用しない旨の規定があれば、パート就業規則への適用はありません。

なお、パート就業規則を制定する際には、全従業員の過半数代表者の意見を聴きますが、パートの代表者の意見も聴くことが望ましいとされています。

104

第 5 章　休日・休暇

従業員本人が結婚したとき

1週間程度の休暇を取るのが一般的
　⇒多くの会社では、欠勤とせずに休暇と扱っている

パートや契約社員の場合は？
　⇒正社員と同じ取り扱いをする義務はない

パートタイマー規則などで異なる取り扱いを定める
　⇒規定していない場合、正社員と同じ取り扱いをしなければならない

パートに特別休暇を与える義務はないが、有休を取れない人は収入減になる
　⇒場合によっては、仕事への熱意やスタンスが揺らぐケースもある

結婚を機にモチベーションを下げないための方法

- 会社として「結婚祝金」を制度化
- 家族にも会社の意思を示す
- 従業員互助会を作ってもよい

書式 / 特別休暇願

平成〇年〇月〇日

株式会社Nプランニング
代表取締役　小山　一郎　　　殿

所　属　　業務部
氏　名　　〇〇　〇〇　　　　印

特 別 休 暇 願

下記のとおり、特別休暇願を提出いたします。

事　由	☐ 慶事　　☑ 弔事　　☐ その他（　　　　　）
予定日	8月13日（月）より 8月14日（火）まで　　（2）日間
休暇理由	法事（義母の三回忌法要）のため
備　考	

以上

所属長

（注意）
　・休暇届は、休暇の10日までに提出して下さい。
　・届は自分で所属長の承認を得て提出して下さい。
　・育児、介護の休暇は別の用紙で届けてください。

特別休暇の取り扱いを誤って、退職騒ぎに発展

　食料品や雑貨の流通を担う物流会社では、間接部門の外注化が進められています。そのため、伝票入力や記帳業務、給与計算などの業務の多くが、外部に委ねられました。経費削減の流れの中で正社員は減らされ、内勤業務の多くは契約社員によって担われていたのです。

　経理部には、入社6年になる契約社員のAさんが在籍していました。Aさんはもともと同業他社で経理部の経験が長かったこともあり、社内の経理業務については中心的な存在になりつつありました。他部署の人たちも、経理部のAさんには一目置くような立場にあったのです。

　Aさんには長年交際していた男性がいましたが、今回めでたく結婚することになりました。上司の経理課長に報告したAさんは、お祝いの言葉とともに、「これからもがんばってね」という激励をもらいました。もとより、結婚後も今の仕事を続けていく意思でした。

　挙式後、1週間ほど新婚旅行に旅立つことを計画していたAさんは、その間は有給扱いにしてもらえるよう、会社に届け出を出す心積もりでした。

　親しくしている営業部のBさんに相談したところ、「契約社員も特別休暇が申請できるはずだよ」とのこと。社長は、「こういう時期だから、有休の届け出は事後でいい」といい、Aさんはその言葉に安心してハネムーンに旅立ちました。

　ところが、帰国後に問題が起こります。Aさんが期待していた「有給扱い」は特別休暇のこと、社長が想像していたのは通常の有給休暇だったのです。

　契約社員が特別休暇を取れるかどうかのルールは曖昧であり、前例もありませんでした。

　職場と家庭を両立させたいAさんは、通常の有給休暇は計画的に取りたいと考え、夫とも相談を重ねていました。思惑が外れたAさんは、結婚直後の忙しさから解放されていなかったこともあり、思わず「退職」を口にしてしまいます。

　必死の思いでAさんを慰留した社長は、契約社員の特別休暇届の取り扱いについて、ルール化を急いだといいます。

第5章 Q15

出産を控えている女性パートから、育児休業の請求があった。手続きはどうすればいい？

1年近く勤務しているパートさんから、臨月を迎えた今になって、出産後は育児休業を取らせてほしいという請求がありました。このパートは、1日の勤務時間が4時間程度と短いので社会保険には加入しておらず、雇用保険にのみ入っています。ただ、正社員ではないので、「1年ほど育児休業を取りたい」といきなり請求をしてこられても、会社としては面喰ってしまったというのが正直なところです。確実に復帰できるかどうかもわからないので、なかなか彼女1人のために席をあけておくというのも難しいのです。

そもそも、短時間のパートに会社は育児休業を取らせなければならないのでしょうか。昨今は少子化ということで、育児休業の制度が厳しくなっているといいますが、基準がよくわからないのです。

会社の立場

出産予定のパートから、育児休業を取りたいとの相談を受けて困っている。ある人に聞いたら、期間雇用のパートには育児休業を与える必要はないとか。

まだ入社して1年も経っていない人なので、拒否しても問題ないと思うのだが。

VS

非正規社員の立場

今どき、パートだって育児休業が取れるというのは常識だと思う。知り合いにも主婦パートが多いが、実際に育児休業を取ったという人は多い。

落ち着いたら職場に復帰したい意思は強いので、会社にとってもプラスだと思う。

第5章 休日・休暇

ほとんどのパートは育児休業を取ることができる

今どきはパートにも育児休暇を与えなければならないと思っていても、具体的にどんな人が休暇を取れて、どんな人は取れないのかを知っている人は少ないものです。会社としてはかなり苦手意識のある分野かもしれませんが、特に女性の多い職場では、正確な知識を押さえておくことが大切です。

パートでも、期間の定めがない雇用契約で働いている人については、正社員と同じ扱いです。

期間の定めのある雇用の人でも、雇用期間が1年以上で、子の1歳の誕生日の前日を超えて雇用されることが見込まれる人には、育児休業を取らせなければなりません。

逆に、日々雇用される人や、雇用期間が1年未満の人には、育児休業を与える義務はありません。子が1歳に達する日から1年以内に契約期間が満了し、更新されないことが明らかな場合も、同じです。

少しややこしいですが、「1年」というのがキーワードです。少なくとも雇用期間は1年以上でなければならない。しかし、1年間の育児休業を経て復帰してから、1年間は働く人でなければならない。このように考えると、わかりやすいでしょう。

育児休業は、毎日数時間程度しか働かず、社会保険にも加入していないパートでも、請求されれば与えなければなりません。

「育児休業」＋「幸せ貯金制度」

育児休業は働く側にとっては素晴らしい制度ですが、パートをたくさん抱える会社にとっては頭の痛い問題でもあります。

もちろん、長期的には職場への人材定着を後押しする制度には違いありませんが、やはり長きにわたって育児休業を取られてしまうと、代替要員の確保、現場教育、復職への準備などにあたって、会社の負担は大きなものになってしまいます。

なおかつ、育児休業を取った人すべてが、必ず職場に復帰するわけではありません。

子供が1歳に達するまでの育児休業期間中には、雇用保険から育児休業給付金がもらえますが、現実には

職場復帰せずに家庭の事情で退職してしまう例も多いものです。

会社としてはどのような対策が可能なのでしょうか。ある食品工場では、育児休業や結婚式、子供の入学式などを迎えた従業員に対して、ポイントを与える制度を導入しています。休暇や休業を取るごとにたまるポイントは、社内の休憩室に貼り出して誰もが見られるようになっています。

ポイントがたまると、同僚から祝福されるとともに、職場でポイントに見合った協力をしていくという仕組みです。たとえば、育児代替要員への現場教育や清掃、朝礼やミーティングの司会などを務めていきます。あえて名づけるとすれば、「幸せ貯金制度」といってもいいでしょう。

用語
「育児休業給付金」
子を養育するために休業する労働者に対して、雇用保険の制度から支給される給付金

最悪こうなってしまう！

会社が育児休業の申し出を受け入れず、そのことを理由として解雇や賃下げなどの不利益な取り扱いをした場合には、民事損害賠償によって数か月から1年分程度の賃金相当を請求されることがあります。また、労働局などに相談したことを理由とする不利益な取り扱いを行なった場合には、「20万円以下の過料」に処せられる可能性があります。

法律・ルールはこうなっている！

パートなどの期間雇用者であっても、「同一の事業主に引き続き雇用された期間が1年以上」あり、「子が1歳に達する日（誕生日の前日）を超えて引き続き雇用されることが見込まれる」場合（子が1歳になった日から1年後までに雇用契約が満了し、更新されないことが明らかな場合は除く）は、正社員と同じく育児休業を取らせなければなりません。

第 5 章　休日・休暇

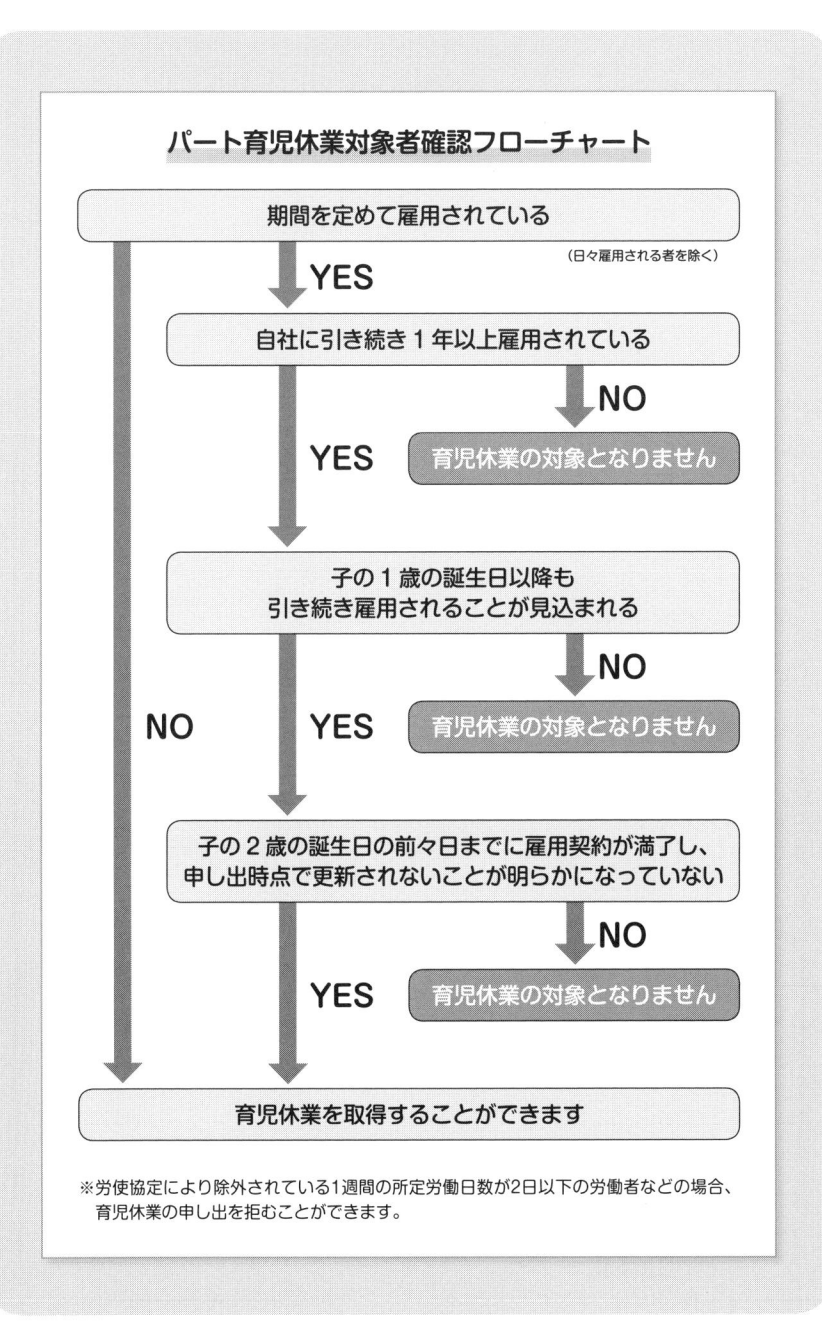

パート育児休業対象者確認フローチャート

```
期間を定めて雇用されている
        │（日々雇用される者を除く）
       YES
        ↓
自社に引き続き1年以上雇用されている
        │
        ├──NO──→ 育児休業の対象となりません
       YES
        ↓
子の1歳の誕生日以降も
引き続き雇用されることが見込まれる
        │
        ├──NO──→ 育児休業の対象となりません
   NO  YES
        ↓
子の2歳の誕生日の前々日までに雇用契約が満了し、
申し出時点で更新されないことが明らかになっていない
        │
        ├──NO──→ 育児休業の対象となりません
       YES
        ↓
育児休業を取得することができます
```

※労使協定により除外されている1週間の所定労働日数が2日以下の労働者などの場合、育児休業の申し出を拒むことができます。

書式 / 育児休業申出書

平成 24 年 7 月 31 日

株式会社Nプランニング
代表取締役　小山　一郎　　殿

所　属　　業務部
氏　名　　〇〇　〇〇　　　印

育児休業申出書

このたび、育児・介護休業等に関する規則（第3条）に基づき、下記のとおり育児休業の申出をします。

記

1	休業に係る子の状況	①氏名	☆☆　☆☆
		②生年月日	平成24年7月10日
		③本人との続柄	実子
		④養子の場合、縁組成立の年月日	
2	1の子が生まれていない場合の出産予定者の状況	①氏名 ②出産予定日 ③本人との続柄	
3	休業の期間		平成24年9月5日から平成25年7月9日まで （職場復帰予定日　平成25年7月10日）
4	申出に係る状況	①1歳までの育児休業の場合は休業開始予定日の1か月前、1歳を超えての休業の場合は2週間前に申し出て	いる・いない→申出が遅れた理由 〔　　　　　　　　　　　〕
		②1の子について育児休業の申出を撤回したことが	ない・ある→再度申出の理由 〔　　　　　　　　　　　〕
		③1の子について育児休業をしたことが ※1歳を超えての休業の場合は記入の必要はありません	ない・ある 再度休業の理由 〔　　　　　　　　　　　〕
		④配偶者も育児休業をしており、規則第2条第2項に基づき1歳を超えて休業しようとする場合	配偶者の休業開始（予定）日 平成　　年　　月　　日
		⑤④以外で1歳を超えての休業の申出の場合	休業が必要な理由 〔　　　　　　　　　　　〕
		⑥1歳を超えての育児休業の申出の場合で申出者が育児休業中でない場合	配偶者が休業　している・していない

（注）期間契約従業員が「育児・介護休業等に関する規則」第3条第1項なお書きの申出をする場合は、3のみの記入で足ります。

男性社員の育児休業

　大手企業の管理職や自治体の首長の中にも、男性が育児休業を取るケースが出てきており、今や男性が出産や育児に積極的に関わるのが当たり前の時代です。

　かつては配偶者が専業主婦（夫）の場合は、労使協定によって育児休業の対象から除外されましたが、2010年の改正で撤廃されたため、現在は夫も妻も同じく育児休業を取ることができます。少子化に対応した時代の流れである以上は、会社としては男性の育児休業にも積極的に取り組んでいく必要があるでしょう。一方で、文字通り最小人員で業務を回している中小企業にとっては、現実的に困難を強いられるテーマであることも事実です。

　あるシステム開発会社では、若手の契約社員が多数活躍していました。そのほとんどが20代から30代前半の顔ぶれでしたから、やはり出産という機会に直面する人も出てきます。

　以前であれば、男性が育児休業を考えるという意識自体が希薄でしたが、最近は世の中の風潮もあって、「男性でも育休」を口にする人が出てきました。

　契約社員という立場だからこそ、妻とともに、あるいは妻に代わって、育児休業を取りたいと考える人も多かったのです。

　最初は当惑するのを隠せなかった社長も、しだいに時代の流れには逆らえないと考えるようになります。思い切って、育児休業にあたって在宅勤務の形態を選択できるよう、就業規則を変えることにしたのです。

　「会社は、在宅勤務を希望する者が前条の要件を満たすときは、原則として1か月間の在宅勤務を命ずるものとする」。

　ほとんどがSEだった契約社員は、この制度変更を歓迎しているといいます。SEの業界では、契約社員でもプロ意識の強い人が多いので、休業中でも仕事を進めることができる在宅勤務という第三の選択肢は、願ったり叶ったりなのです。

　男性の育児休業については、ただ困ったと頭を抱えるのではなく、在宅勤務や短時間勤務など複数の選択肢を示すことで、従業員の理解を得るという姿勢も大切だといえるでしょう。

第6章

服務・懲戒

不真面目な人には毅然と対処するためのルールを作ろう

第6章 Q16

勤務態度が悪く、上司に反抗的な態度をとるアルバイトがいる。規律を正すには、どうすればいい?

コンビニエンスストアを経営していますが、従業員は短時間のパート・アルバイトで、彼らが業務の大半をまわしています。入社後は、全員に対して基本的な実務研修と簡単なマナー研修をしています。

ところが、最近、業務中の私語が多いなど勤務態度のよくないアルバイトがいるので困っています。注意をするとその場では反省の言葉が出てきますが、一向に直らないのです。再三、注意をしているのに、まるでいじめではないのかと反抗的になることもあります。会社としては、接客業という仕事の性格上、お客様が受ける印象も考えなければなりません。そこで、就業規則に基づいて、減給等の処分を行なうことにしました。どのようなことに気をつけるべきでしょうか。

会社の立場

うちは接客業なので、職場で私語をされてしまうと、企業イメージの低下にもつながり、とても困ってしまう。

業務に差し障りのある行為をした者に、何度か注意しても改善されないのだから、減給処分はやむを得ない。

VS

非正規社員の立場

私語をしていたというが、職場の雰囲気をよくしようと同僚とコミュニケーションをとっていただけで、まったく悪意はない。

お客様対応はきちんと行なっているのに、何回か口頭で注意を受けただけで減給処分というのは、あまりに厳しすぎると思う。

第6章 服務・懲戒

規律違反と懲戒処分にはバランスが大切

勤務時間中の私語を理由に、減給などの処分を行なうことは可能なのでしょうか。少し雑談していただけなのに、処分までは行き過ぎではないかという声もあるでしょう。たしかに、私語で1回注意を受けただけで減給というのは厳し過ぎますが、何回も注意しても改善されないというのであれば、処分するのはやむを得ないでしょう。

飲食店や販売業などのサービス業では、お客様の前で雑談に花を咲かせたり、自分勝手なやり方で仕事をしていたのでは、それがダイレクトにお店のイメージ低下につながってしまいます。たとえ従業員に悪気がなくても、企業イメージを損なうような言動については、会社の判断で指導すべきです。それでも改善されないときは、懲戒処分にすることも可能です。

このとき大切なのは、規律違反と懲戒処分とのバランスです。遅刻1回で減給とか、お客様からのクレームを受けたら解雇というのでは、まったくつり合いがとれないでしょう。10人中、9人くらいは妥当だと思

える程度のバランス感覚が必要です。「こんな規律違反をしたら、この懲戒処分」というルールを作ったら、就業規則の中に盛り込んで、しっかり周知しましょう。「アルバイトがミスをしただけでも懲戒できるの?」という人がいますが、会社全体のルールは、もちろんアルバイトにも適用されます。

きちんとイエローカードを切れる上司を育てよう

アルバイトやパートの服務規律や懲戒処分で大切なのは、就業規則だけではありません。むしろそれ以上に重要なのは、会社が作ったルールを職場でしっかりと運用する人を育てることです。

会社はきちんとしたルールを作っているけれども、現場ではその通りに浸透していないとか、店長が代わったら扱業規則を厳しく運用していたが、今までは就業規則を厳しく運用していたが、今までは就業規則が甘くなった、というような例はありませんか。

アルバイトやパートの場合は、ほとんどの場合、正社員と違って経営者が直接評価したり、懲戒したりするわけではありませんから、会社のルールがどこまで徹底されるかは、ひとえに管理職や店長といったポジ

ションの人にかかっているのです。

懲戒処分をイエローカードに例えるなら、会社が管理職や店長を育てるためのポイントは2つあります。ひとつは、イエローカードの切り方を教えること。そしてもうひとつは、イエローカードを切る権限を与えることです。

イエローカードの切り方は、店長研修などで就業規則の内容をみっちりと共有していけば、基本的には対応可能です。それよりも難しいのは権限。アルバイト、パートの目から見て、「さすが店長」という姿を演出することが大切です。

採用や予算の裁量を持つことで、会社と一心同体の権限を持つことを示しましょう。

用語
「懲戒処分」
労働者の企業秩序違反行為に対して、会社が課す制裁罰。戒告、けん責、減給、出勤停止、懲戒解雇などの種類がある。

最悪こうなってしまう！

会社が従業員に懲戒を与えるためには、就業規則上の根拠が必要です。また懲戒の方法や程度は、規則違反の内容や程度に見合ったものでなければなりません。

就業規則の規定に根拠がなかったり、事案と処分とのバランスを著しく欠く懲戒は、無効となります。懲戒が無効となった場合は、その後の会社の指揮命令にもかなりの支障が出てくることになります。

法律・ルールはこうなっている！

労働契約法では、会社が従業員を懲戒するには、懲戒される従業員の行為の性質や態様その他の事情に照らして、客観的に合理的な理由を欠き、社会通念上相当であると認められない場合は、権利を濫用したものとして、無効とされることになっています。就業規則に具体的な定めがないときは、従業員に企業秩序違反行為があっても、会社は従業員を懲戒することはできません。

第 6 章　服務・懲戒

勤務時間中の私語を理由に処分を行なうことは可能か？

　→ 何回も注意しても改善されないのなら、処分されるケースも

NG 「注意1回で減給」「クレームを受けたら解雇」は行き過ぎ

⚠ **大切なのは、規律違反と処分のバランス**

どんな規律違反をしたら、どんな処分を受けるかを就業規則に盛り込んでおく

　→ 会社全体のルールは、もちろんアルバイトにも適用される

会社の作ったルールを運用する人を育てる

　→ パートやアルバイトの評価・懲戒は、管理職や店長にかかっている

❶ イエローカードの切り方を教える
❷ イエローカードを切る権限を与える

書式／懲戒規定例

（規定例）

第1条　懲戒の種類、程度
　従業員が本規則の懲戒事由のいずれかに該当した場合には、その事由および情状に応じて、会社は、次の区分による懲戒処分を行う。
　（1）譴　　責：顛末書を提出させ、将来を戒める。
　（2）減　　給：制裁として減給処分を行う。ただし、減給は1回の事案に対する額が平均賃金の1日分の半額以下、総額が一給与支払期における給与総額の10分の1以下の範囲で行うものとする。
　（3）出勤停止：30日以内の期間を定めて出勤を停止する。出勤停止の期間は無給とする。
　（4）諭旨退職：退職願を提出するよう勧告し、勧告した日から7労働日以内に退職願を提出しないときは、懲戒解雇とする。
　（5）懲戒解雇：予告期間を設けることなく、即時解雇する。所轄労働基準監督署長の認定を受けたときは、解雇予告手当は支給しない。

第2条　懲戒事由
　従業員が次の各号のいずれかに該当する場合は、会社は、譴責、減給、出勤停止または降格の処分を行う。
　（1）会社の定める諸規則に違反したとき
　（2）本規則の服務心得の規定に違反したとき
　（3）本規則のセクシャルハラスメントの禁止に違反したとき
　（4）本規則の許可を要する事項の規定に違反したとき
　（5）正当な理由がなく、無断遅刻、無断早退、無断私用外出または無断欠勤をしたとき
　（6）正当な理由がなく、遅刻、早退し、みだりに任務を離れるなどしたとき
　（7）正当な理由がなく、所属長または責任者の指示命令や指示に従わなかったとき
　（8）勤務に関係する手続きその他の届出を怠ったとき
　（9）過失により、業務上の違反行為があり、または会社に損害を与えたとき
　（10）会社内の秩序または風紀を乱したとき
　（11）故意に他人の業務の能率を阻害し、または業務の遂行を妨げたとき
　（12）所持品の点検などの業務行為に対し正当な理由なくこれを拒んだとき
　（13）職務に対する誠意がなく、怠慢が認められるとき
　（14）飲酒運転、著しい速度超過等の悪質な交通法規違反をしたとき
　（15）会社の所有物を粗略に扱い会社に損害を与えたとき
　（16）その他前各号に準ずる不都合な行為があったとき

派遣社員の場合は、派遣元の役割も明確に

　あるブティックでは、今年になって初めて派遣社員を採用しました。今までパートや契約社員しか採用したことがなかったのですが、即戦力となる経験者がほしいということで、この業界に強いという派遣会社に依頼したのです。

　さすが同業他社の経験者だけあって、入社して数週間で、ひと通りの仕事の基本をマスターしていきます。ところが、経験者としてのプライドがあるせいか、しだいに周囲と衝突し始めました。何かと「以前のお店では」を連発するので、さすがに店長も手を焼くようになってきたのです。

　ことあるごとに店長がそれとなく注意しても、本人には「前のお店でこうだった」「私は派遣会社の人間だから」という意識が強く、どうしても素直に受け入れようとはしません。お店としては、やむなくこの人には辞めてもらうしかないと決断します。

　残念ながら、派遣先には派遣社員を直接的に懲戒する権限はありません。ですから、いくら「この人はひどい」と思ったとしても、減給や出勤停止といった制裁を課することはできず、ましてや解雇することはできないのです。

　しかし、規律違反に対して注意をすることは当然の権利ですし、派遣元に何らかの処分を求めることは可能です。経緯や注意内容を具体的に報告した上で、派遣元に派遣社員の指導や制裁を求めるべきです。

　そのためには、まずは自社の服務規律を明確にしておくようにします。就業規則があるから大丈夫ということではなく、その内容が派遣社員にも適用されるものなのか、明確なルールづけが必要です。

　そして派遣契約を交わす際に、派遣社員が派遣先の就業規則の服務規律を守らなければならない旨をしっかり周知しておくことが大切となってきます。

　このブティックでは、最終的には、「派遣先の業務方法、指示内容等に従わない場合は、派遣社員の交代を要請することができる」という派遣契約の内容に従って、派遣社員を交代させることになりました。

　派遣社員への指導や制裁、あるいは交代については、契約当初から、派遣元の役割を明確にしておくことが、何よりも肝要です。

第6章 Q17

1週間以上も無断欠勤が続いている契約社員がいる。トラブルなく懲戒処分を与えるには、どのようにしたらいい?

小さな自動車部品加工の工場で、シフト制を組んで業務を回しています。このところ、数週間にわたり無断欠勤をしている契約社員がいて、非常に困っています。こちらから連絡を取ろうとしてみても、応答がまったくないのです。

会社としては、シフトの調整も限界なので、これ以上の無断欠勤を認めるわけにはいきません。

また、もともと技能不足という問題も抱えていたので、この際、就業規則に基づいて解雇処分にしたいと思っています。

ただ、今回のように連絡がきちんと取れない従業員に対しては、どうやって会社の意思と懲戒処分の内容を伝えればいいのでしょうか。こうした場合の対処方法が知りたいです。

会社の立場

契約社員の無断欠勤が続いており、会社から何度連絡を取っても、まったく本人につながらない。

もう2週間にもなり、もともと仕事の能力的にも問題があったので、このあたりで、やむなく解雇処分にしたいと思う。

非正規社員の立場

会社に連絡もせずに欠勤を続けていたことは、悪いと思っている。ただ、仕事上のストレスがたまって軽いうつ状態になってしまい、自宅で動けない状態にいた。

悪意があって欠勤したわけではないので、いきなり解雇というのはひどいと思う。

VS

第6章 服務・懲戒

無断欠勤には慎重に対応しよう

無断欠勤は、重大な服務規律違反です。連絡もなく出勤してこない従業員を抱えていては、職場は大混乱し、場合によっては事業活動にも大きな支障が出てしまいます。ですから、正しい判断と手続きによって、そういう人を懲戒することはもちろん可能です。

一般的には、2週間にわたって無断欠勤が続いた場合には、懲戒解雇が可能だとされています。これは国の通達で示された基準であり、裁判等でもおおむねこの基準に従って判断がなされています。

しばしば、「アルバイトだから1日でも無断欠勤をしたらクビだ」という人がいますが、もちろん認められません。正社員でも、アルバイトやパートでも、基本的な扱いはまったく同じです。

懲戒解雇する場合には、必ず就業規則にその規定がなければなりません。小さな会社だからといって就業規則そのものがない場合は、従業員に懲戒を与えることと自体ができません。

さらに、「たびたびにわたって出勤の督促を行なう」ことが懲戒解雇の条件となります。本来出勤すべき状況なのに出勤しないことを確認する必要があり、単に無断欠勤という状況だけで安易に踏み切ることは許されません。

昨今は、仕事や仕事上の人間関係などが原因で生活全般が不調になってしまう、メンタルヘルスの問題も増えています。

病気を理由に静養していたり、精神的な疾患でやむなく出勤できないようなことを理由に解雇するのは難しいので、あくまで慎重な判断が必要です。

トラブルなく懲戒を行なうための3つのステップ

懲戒解雇にかぎらず、従業員に懲戒を与える場合には、3つのステップが大切です。文書注意、懲戒処分、アフターフォローです。

文書注意は、「このまま改善しなければ処分するぞ」という意味でのイエローカードです。アルバイトやパートの場合、「無断欠勤したら即解雇」「ミスをしたら即解雇」といった安易な判断をしがちですが、いずれも無効になってしまいます。経営者の目が届きにく

いアルバイト、パート だからこそ、会社がイエローカードの切り方のルールを決め、書面による注意を徹底すべきです。

そして懲戒処分を行なうときは、その根拠と程度をはっきりと示すことが大切です。現場では判断できないこともあるでしょうから、会社と調整して意思決定することになります。

事案の発生と処分決定までが長期化しないよう、「〇日以内に会社に報告する」といった現場の長の報告義務を明確にします。

懲戒処分は、もちろんそれ自体が目的ではありません。基本的には、その後の勤務に励んでもらうための処分です。懲戒解雇の場合も、いたずらに本人の名誉を傷つけるべきではありません。

処分決定後は、本人と会社との間で面談する機会を持つことが重要です。このときの会社の印象が、本人の次の行動にかなりの影響を与えていくものなのです。

最悪こうなってしまう！

無断欠勤をしていたことにやむを得ない理由があった場合には、解雇が無効となる可能性があります。その場合は、雇用を継続しなければなりません。業務に起因して精神疾患等にかかった場合は、労働基準法違反（6か月以下の懲役または30万円以下の罰金）に問われることがあります。解雇の無効をめぐって、民事上の訴えを起こされた場合は、6か月～1年程度の損害賠償を請求されることがあります。

法律・ルールはこうなっている！

労働基準法による解雇予告手当の除外認定（解雇予告なく懲戒解雇するための認定）では、「原則として2週間以上正当な理由なく無断欠勤し、出勤の督促に応じない場合」がひとつの基準とされています（昭和23・11・11基発第1637号）。出勤の督促にもかかわらず2週間以上、無断欠勤を続けている場合には、懲戒解雇の是非を争った判例でも、ほぼ会社側の主張が認められています。

第 6 章 服務・懲戒

NG「アルバイトだから１日でも無断欠勤したらクビだ」は通用しない

一般的には、２週間にわたって無断欠勤が続いた場合、懲戒解雇ができる
（国の通達、裁判で示された基準）

就業規則の規定がないと、懲戒解雇はできない

　➡ その上で、会社が出勤を督促することが必要

トラブルなく懲戒を行なうための３つのステップ

❶ 文書注意
　このまま改善しなければ、さらに重い処分を下すぞというイエローカード
❷ 懲戒処分
　根拠と程度をはっきりと示す
❸ アフターフォロー
　処分決定後は必ず面談

⚠ 現場の店長などが判断する場合は「○日以内に本部に報告する」といった報告・連絡・調整のルールが大切

書式 / 懲戒処分通知書

平成〇年〇月〇日

〇〇　〇〇　　　殿

株式会社Nプランニング
代表取締役　小山　一郎　　印

懲戒処分通知書

　今般、あなたに対して、下記のとおり懲戒処分を科すことが決定しましたので、通知します。

懲戒の程度	譴責
懲戒事由	平成〇年〇月〇日から〇月〇日までの間において無断欠勤があったため。
就業規則該当条文	就業規則第〇条　第〇項
備　　考	平成〇年〇月〇日までに自筆による始末書を人事担当者まで提出してください。

以上

無断欠勤を繰り返すアルバイトへの対応

　個人事業主としてコンサルタントの仕事をしていたAさんは、豊富な経験・知識と誠実な仕事ぶりが好評で、顧客から仕事の紹介の連鎖が続いており、どんどんクライアントを増やしていました。

　ほぼ365日、深夜まで仕事に打ち込む日々の連続から、このところ将来への不安を感じるようになり、独立3年目を機に、初めてスタッフを採用することにしました。

　ある日、そのアルバイトが無断で欠勤します。半年ほど前に職場に入った彼は、今まで数日欠勤したことがありましたが、勤務態度はとても真面目でした。もちろん、無断欠勤は今回が初めてです。

　Aさんは本人の携帯電話に連絡しますが、何度連絡しても不通でした。2日、3日と、無断欠勤の状態が続いていきます。Aさんとしてはお手伝い的なアルバイトだという感覚があり、それ以上問題にすることはありませんでした。

　1週間も経つと、さすがにもうアルバイトがいないことが前提で仕事が進められます。アルバイトが抜けた状態でも何とか業務は回っていましたが、今後を見据えて新しいアルバイトを募集することになります。

　10日ほど経ったある朝、本人から連絡があり、欠勤していたことへの謝罪と今日から復帰したいという意思が伝えられます。体調を崩してしばらく通院しており、精神的に不安定なことから携帯電話も遠ざけていたのだといいます。

　その言葉に納得できなかったAさんは、「無断欠勤だったことは事実だし、もう代わりの人間を予定している。復帰してもらうのは難しいよ」と告げます。

　ただ、無断欠勤以降、Aさんが本人に数度電話を入れただけで、何の懲戒処分も科しておらず、そもそもアルバイトの懲戒に関するルールがなかったことが、問題となりました。

　両親と相談してきたアルバイトは、最終的には自己都合で退職することを了承しましたが、雇用主のルールの不備を的確に追及してきました。Aさんは人を雇用することの難しさを痛感し、簡単なルールブックづくりに取り組んでいるといいます。

第6章 Q18

契約社員がマイカーで仕事中に、誰かに車を傷付けられてしまった。会社には支払い義務がある?

保険関係の業務を行なっているので、外回りの営業担当は終日、車で移動しています。自分の車が一番扱いやすいという声もあり、ほとんどの従業員にはマイカーを使用してもらっています。

ところが今回、契約社員の1人から、初めて訪問した会社に駐車していた自分の車が、商談中、誰かに大きな傷をつけられたという報告がありました。本人としては、業務中に起こったことなので、会社にも責任があるはずだと言うのです。

会社としては、誰に傷つけられたのかさえもはっきりと証明できないものについて、お金は出せないというのが本音のところです。ただ、大きなトラブルへは発展させたくないので、どうしたらいいものか思案しています。

会社の立場

仕事中とはいえ、自分の不注意によってマイカーを傷付けた責任を会社に求めるのは、おかど違いだと思う。

停車中に誰かに傷付けられたというが、本当に仕事中に損傷したかどうかわからないものに、会社が責任を持てるわけがない。

VS

非正規社員の立場

会社から頼まれて自分の車を仕事でも使っているのだから、仕事中に起こった事故については、会社が責任を持ってくれるべきだと思う。

会社に全額負担しろとはいわないが、まったく負担に応じないのは納得がいかない。

第6章 服務・懲戒

直接会社の責任にはなりにくいが……

訪問介護のヘルパーがマイカーを使って仕事中、駐車場に停車中のクルマがいつの間にか傷付けられていました。そこで、この契約社員のヘルパーは仕事中の出来事である以上は会社にも責任があると主張して、クルマの修理代の一部を会社に請求。実際にこんな相談を受けたことがあります。

会社としては、業務中とはいえ私有車の管理は従業員の自己責任であり、勤務時間中に何者かによってクルマが傷付けられたとしても、その責任を会社に求められるのは筋違いだと思うでしょう。

このケースでは、法律的にも本人が会社に損害賠償を請求する根拠が薄いはずです。本来はクルマをぶつけた人に請求すべきで、会社が負担するものではないでしょう。

会社の車を使っていて事故にあったときに従業員に修理代を請求しないというのはよくある扱いです。

しかし、仕事中に第三者から被害を受けたときに会社が修理費を負担するというのは、一般的ではありま せん。特別の契約を交わしていない以上は、本人負担としてもよいはずです。

ただ、会社の責任範囲、任意保険への加入、ガソリン代の負担などのルールを決めていないと、いざトラブルになったとき、無用の混乱を招くことにもなります。会社としては、事前のルールづくりが大切です。

マイカーを仕事で使うための鉄壁のルール

それでは、マイカーを仕事で使うためには、会社はどうしたらいいのでしょうか？ まず何をおいても確認しておくべきなのが、任意保険の加入、運転免許証、車検証です。

特に任意保険については、対人無制限、対物5000万円以上といった基準を設けて、それを満たした者しか業務使用を認めないという対応を取りましょう。

運転免許証のコピーを定期的に提出させ、免許の停止や取消を受けていないかを確認することも不可欠でしょう。

書式としては、マイカー業務利用許可申請書とマイ

カー業務利用規程の2点が最低限必要です。

マイカーの業務利用には、会社の指示による場合と従業員からの希望で許可する場合があります。ただ、前者の場合は従業員と車輌賃貸借契約を結ぶなど手続きも大変なので、あくまで許可制を取るようにします。

マイカー業務利用許可申請書を提出してもらう許可制にすることで、会社としてはガソリン代などの実費のみを支給し、その他の維持費については従業員負担とすることも可能です。任意保険の保険料の負担についても、許可制の場合は基本的に全額従業員の負担とするのが一般的です。

マイカー業務利用規程では、任意保険の加入、会社の費用負担などについて定めます。運転報告書を提出させることで、利用実態を管理することも大切です。

また、会社に無断でマイカーを利用している場合などには、一定のペナルティを課すことができるよう、就業規則を整備しておくことも忘れてはなりません。

最悪こうなってしまう！

このケースでは、会社が具体的な責任を負うことは考えにくいですが、従業員が会社に不満を抱くことは十分に考えられます。業務利用をしている以上、ガソリン代や実費弁償的な費用を会社が負担していない場合は、請求されることも予想されます。そもそも従業員の所有車を業務で使用することは、リスクがあります。私有車利用に関する規定がない場合は、急ぎ整備するようにしましょう。

法律・ルールはこうなっている！

自賠責法第3条では、「自己のために自動車を運行の用に供する者は、その運行によって生じた損害の用に供する者は、その運行によって生じた損害は身体を害したときは、これによって生じた損害を賠償する責に任ずる」と規定されており、「運行供用者」＝自動車の保有者の責任が定められています。ただし、これは社有車の規定であり、従業員の所有車が傷体を害したときの規定等は、このかぎりではありません。

第6章 服務・懲戒

訪問介護ヘルパーが仕事中に、何者かにマイカーを傷つけられた

⬇

ヘルパーは会社にも責任があると主張し、修理代金を会社に請求

⬇

業務中とはいえ、マイカーの管理は基本的に自己責任

➡ 第三者によって傷つけられた責任を会社に求めるのは筋違い

❗ ただし、会社の責任範囲、任意保険への加入、ガソリン代の負担などのルールは必要（いざトラブルになったとき、会社が不利になることも）

マイカーを仕事で使うための鉄壁のルール

- 任意保険への加入
- 運転免許証、車検証の提出
- マイカー業務利用許可申請書
- マイカー業務利用規程

書式 / 私有車業務使用許可申請書

平成〇年〇月〇日

株式会社Nプランニング
代表取締役　小山　一郎　殿

私有車業務使用許可申請書

下記のとおり、私有車業務使用許可申請書を提出いたします。

車　　種	ホンダ〇〇〇
車ナンバー	鈴鹿〇〇に〇〇〇〇
自動車保険満期日	平成25年10月1日

※　車検証のコピーおよび任意保険の保険証書のコピーを必ず添付すること
※　対人 無制限　対物5,000万円以上に加入し、車両保険付帯のこと

申請者　所　属　業務部

氏　名　〇〇　〇〇　　　　印

私有車業務使用許可証

業務部
〇〇　〇〇　　　　殿

上記の自動車の業務使用を許可します。
※本許可証に記載された業務以外の私有車の使用は禁止します。

平成△年△月△日

許可者　株式会社Nプランニング

代表取締役　小山　一郎　　　印

不用意にマイカーを仕事で利用させると……

　ある広告代理店では、複数の営業マンが在籍して、毎日、求人案件の開拓に駆け回っています。この会社には独立支援制度があり、所定の在籍年数と勤務成績をクリアした人が希望すると、独立するための支援を行なうという仕組みがあります。

　この場合は正社員という地位はいったん失った上で、改めて契約社員として会社と契約し、数年後、将来代理店として独立するためのノウハウの修得に努めていくことになります。入社10年目を迎えるAさんは、初めてこの制度の利用に手を挙げた1人でした。

　年間契約の契約社員として、以前と同様に営業活動に取り組みつつ、独立した事業主として活動するための準備を並行させるのは簡単ではありませんでしたが、独立志向の強いAさんは、人一倍の努力を重ねていました。

　そんなAさんは、ある日、営業中にクルマで事故を起こしてしまいます。幸いにして、Aさんにも相手方にもケガはなく、お互いのクルマが若干損傷しただけですみました。状況的には、お互いの不注意による事故だったので、Aさんは話し合うことで円満に事を収めようと考えます。

　ところが、相手方は会社にクルマの修理費用を請求してきたのです。仕事にのめり込んで忙しい毎日を送っていたAさんは、不注意で任意保険の更新を怠っていたのです。その事情を察知した相手方は、損害賠償の請求先を会社に定めてきたのです。

　この会社では、正社員はすべて社用車で営業活動を行なっています。そのため、就業規則や車両関係のルールは、社有車利用が前提に考えられていました。今まで、営業を行なう契約社員はおらず、新たに作られた独立支援制度は、残念ながら今回のようなリスクへの対応を想定していなかったのです。

　「会社がマイカーでの業務を禁止しておらず、むしろ認めていたわけですから、事故の責任は会社にありますね」。このように主張する相手方の言葉に、対抗する有効な手立てはありませんでした。

　独立支援制度という特殊な事情のもとに作られた契約社員。会社は、マイカーを使った業務のリスクに備えるためのルールづくりを急いでいます。

第 7 章

退職

従業員と揉めないための
退職のルールを作ろう

第7章 Q19

長年勤めていたパートが家庭の事情で退職することになった。退職の申し出は口頭で受けつけてもいい?

飲食店を営んでいますが、長年勤めていたパートが突然に辞めたいと言ってきました。理由は家庭の事情だというだけで、詳しくは語りません。

しかも、口頭で近くの上司に伝えるだけで、退職願も持ってこないのです。パートとはいえ、職場のあらゆることの勝手を知っているだけに、こんな風に突然に抜けられると困ってしまいます。そこで、少なくとも1か月前には書面にて意思表示をしてもらわないと受けつけられないと言ったところ、「入社の時は、口頭で採用ということだったのに、なぜ、辞める時はだめなんだ」と反論してきました。

いったい、退職の申し出は通常はどのくらい前に言わないといけないものでしょうか。また、口頭で受けつけてもいいものでしょうか。

会社の立場

パートだからといって、突然口頭で「退職したい」と伝えて出てこなくなるというのは、あまりにも勝手だと思う。

家庭の事情でやむなく退職するというのはわかるが、事前に書面で申し出るのでなければ、退職は認められないのではないか。

VS

非正規社員の立場

仕事を辞める意思は、直属の上司に伝えれば十分だと思う。正社員じゃないのに書面で提出しなければ受けつけられないというのは、あまりに硬すぎるのではないか。

たしか、2週間前に職場に伝えさえすれば、自由に退職できるはずなのでは。

第7章 退職

パート・アルバイトにも退職届のルールが必要

ある日、突然パートが辞めるといい出して困ってしまったという経験はありませんか？ 仕事の状況をまったく考えることもなく、今日で辞めるといって引き下がらない。そんなとき、あなたはどうしますか？「パートなんだから、いきなり辞められてもしょうがない」と思う人もいるかもしれませんが、ルールを設けることで、突然の退職を予防することはできます。

パートであろうがアルバイトであろうが、雇用契約の基本的なルールは正社員と同じで、働く側が口頭でも文書でも、自分の意思を伝えてから2週間を経過することで、退職は成立します。

しかし、就業規則で退職願の提出を義務づけておけば、抑止効果が期待できます。

円満退職させるための3つのルール

突然の自己都合退職による混乱を防ぐためには、円満退職のための3つのルールを確立することが不可欠です。

① 退職願の提出
② 退職日の確定
③ 業務の引き継ぎ

退職願については、2週間以上前に、会社指定の書式によって、所属長に提出することをあらかじめ就業規則で規定しておきます。パート・アルバイトにも適用されることが大切なので、パート規程などがある場合には個別に明記しておきます。

あわせて、提出しない場合は届出義務違反として、就業規則上の懲戒を与えられるようにルール化します。退職前後のトラブルを防止するには、戒告や訓戒レベルの懲戒でも、十分に効果があります。

退職願を受け取ったら、速やかに受理したことを書面で通知しましょう。会社が正式に受理するまでは、本人は撤回することができますから、3日以内に受理通知書を交付することをお勧めします。退職願の退職日が2週間以内の日付だった場合は、会社の判断で退職日を修正します。

そして、最も重要なのが業務の引き継ぎです。まず

は引き継ぎ項目をすべて盛り込んだチェックシートを作成して、本人に手渡します。その上で、上司と本人、引き継ぎを受ける人が面談し、具体的な引き継ぎスケジュールを確定させます。

接客業や飲食業などのサービス業では、業界をリードする企業でも、従業員のほとんどがパートやアルバイトです。それらの企業の多くは、パートやアルバイトのモチベーションが高いのが特徴です。

それは、入社・退職についてのルールが厳格だからです。アルバイトだからといって、何となく面接をしてその日から働き出すことはなく、パートだからといって、何の届出もなく突然に退職することは認められない、2週間以上前に退職願を提出するのでなければ、退職は認めらない。

こうしたルールを徹底することで、職場のモチベーションは上がっていくものです。

最悪こうなってしまう！

パートの退職の申し出を口頭で受け付けると、自己都合退職を申し出た本人の意図に翻弄されかねません。本人の退職の意思も、会社がそれを受理した証拠もありませんので、万が一争いになってしまうと、会社の主張を証明することが困難です。

最悪の場合、会社が後任の人選などを進めてから、本人が退職の意思を撤回し、結果として会社都合の解雇扱いを迫られる可能性があります。

法律・ルールはこうなっている！

民法では、自己都合退職は、従業員が会社に退職の意思を伝えてから2週間を経過することで成立します（第627条第1項）。

ただし、完全月給制の場合は、月の前半に退職を申し出た場合は月末に、月の後半に退職を申し出た場合は翌月末に退職が成立します（第2項）。

いずれの場合も、会社と従業員とが合意した場合には、その日をもって退職日とすることができます。

第7章 退職

> 今日で辞めます

NG
「パートだから、いきなり辞められてもしょうがない」は、要注意の考え方

　⮕ 入社と退社のルールを厳格にすることで、従業員のモチベーションも上がる

口頭での意思表示によって、退職の効力は生じる

　⮕ 就業規則で退職願の提出を義務づけている場合は、それに従う必要がある

円満に退職させるための3つのルール

❶ **退職願の提出**
　2週間以上前に会社所定の書式で提出すべきことをパート規程で義務化。提出しない場合は届出義務違反とする

❷ **退職日の確定**
　退職願を受け取ったら、3日以内に書面で受理して退職日を確定

❸ **業務の引き継ぎ**
　引き継ぎチェックシートで具体的な日程を決める

書式 / 退職願

退　　職　　願

平成24年　7月　30日

株式会社 Nプランニング
代表取締役 小山一郎 殿

所属　業務部

氏名　〇〇 〇〇　印

このたび私、〇〇〇〇は、一身上の都合により、平成24年8月31日をもって退職いたしたく、ここにお願い申し上げます。

以上

無責任な引き継ぎをなくすための会社の対応とは

　アパートの仲介や土地活用などを手掛ける不動産会社は、駅前という立地条件もあって毎日多くの人で賑わっています。店舗を構えて4年ほどになりますが、ここ数年は、市内でも1、2を争うほどの好業績でした。

　出店当時からのメンバーであったAさんは、外回りの営業から物件の管理、社内での手続き業務まで、ほとんど1人で担っています。多くの取引先からの信頼が厚い彼の存在があってこそ、会社の成長が加速されていたのです。

　同業他社出身のAさんは、もともと将来の独立を夢見て、入社しました。そのため、会社との雇用契約は日給＋歩合給の契約社員であり、「最低5年間は勤務する」というのが、面接のときの口約束でした。

　ところがある朝、突然に社長に「会社を辞めたい」と切り出したのです。社長としては、5年という約束もそうですが、今すぐにも会社を去りたいという身勝手な言い分は、到底受け入れられるものではありませんでした。

　事情を聞いてみると、知人が経営する不動産会社へ転職するとのこと。そのため、翌月からは新しい会社で働きたいというのです。勤務時間中に転職先と面談していたことも発覚し、どうにもやりきれない思いです。最終的に退職するのは仕方がないとしても、月末までは1週間。彼の仕事の範囲と責任の重さからすれば、すべてを引き継ぐことは困難です。かといって、不用意に事を荒立てても、顧客のためにならないという気持ちでした。

　そこで社長はAさんと2人で面談する時間を作り、新しい会社への転職を認め会社が必要な支援をする代わりに、引き継ぎで顧客に迷惑をかけないために最大限の努力をすることを誓わせました。

　具体的には、Aさんの業務を後任者に引き継ぐためのチェックシートを共有し、各項目についてAさん、後任者、社長の三者が確実にチェックを行なうこと。そして、退職後であっても業務上やむなく確認が必要なことには最大限の協力を行なうこと。この2点について、確認したのです。

　これらはAさんの転職の意思を尊重して行なわれましたが、あいまいな引き継ぎを避け、本人に協力的な態度を持たせることができた点では、チェックシートの存在は正解でした。

第7章 Q20

売上が50％もダウンしてしまったので、契約社員を期間満了で雇止めとしたい。どのような手続きが必要？

世界的な不況の影響が、わが社にも遅れてやってきたようで、今期は業績が非常に厳しい。昇給も賞与も見送る状況で、正社員の雇用を守るだけで精一杯というのが正直なところです。

そこで、短期の雇用契約を交わしている者については、次回以降の更新はせずに、今月いっぱいの契約期間で終了したいと考えています。やむを得ない事情もあり、契約期間満了ということなので、雇止めについての説明をすればよくを理解してもらえると思っていました。ところが、一部の契約社員から、「あまりにも突然過ぎて、受け入れることができない。次の仕事もすぐには見つからないし、更新はこれまで何度も繰り返してきたのに納得できない」と不満が出てきています。どんなふうに対応すればいいのでしょうか。

会社の立場

短期の契約社員なのだから、会社の事情によっては期間満了によって雇止めにできるのは当然だと思う。

会社としては、解雇するわけではなく、契約期間の満了までは責任を持って雇用するわけだから、事情を理解してほしい。

VS

非正規社員の立場

今まで何度も契約更新をして会社のために働いてきたのに、2週間前になって突然に雇止めなんて、とても納得できない。

せめて1か月くらい前には会社の方針を伝えてくれないと、すぐには次の就職先だって見つからないよ。

142

第7章 退職

契約社員だからといって簡単には雇止めできない

契約社員は、3か月とか6か月という期間契約を条件に採用した契約社員は、その契約期間が満了したら雇用契約が終了するのが原則です。契約を更新しないことを「雇止め」といいます。

しかし、契約更新を重ねて雇用期間が長期にわたる場合には、たとえ期間満了であっても、更新しないことにそれなりの理由が求められることになります。今までの裁判例では、雇止めが自由にできない例には、次の二つがあります。

① 実態がかぎりなく正社員に近い場合
（実質無期契約タイプ）
② 契約更新への従業員の期待が高い場合
（期待保護タイプ）

そして、国が出している基準では、以下のような要素を参考に判断するとされています。

① 業務の客観的内容
② 契約上の地位の性格
③ 当事者の主観的態様
④ 更新の手続き・実態
⑤ 他の労働者の更新状況
⑥ その他

たとえば、仕事の種類や内容が正社員と変わらなかったり、将来正社員に登用するかのような言動をとっていた場合などは、基本的に雇止めは困難となるのです。

雇止めの際には説明と面談を徹底しよう

契約社員や期間雇用のパートなど、契約期間が定められている従業員を雇用するときは、採用時の条件の決定と手続きがとても大切になってきます。

正社員との採用条件や仕事の内容の違いを明確にした上で、労働時間も短くすることが望ましいです。契約社員やパート用の就業規則がない会社は、適用されるルールが異なることをはっきりさせておかないと、

143

いざというときにトラブルの原因にもなります。

もちろん、雇用契約書に契約更新の有無を記載することは欠かせません。更新しない場合は「しない」と書き、更新ありの場合は「労働者の勤務成績、態度」といった条件を明確にしておきます。

そして、契約更新する場合には、毎回契約書を交わさなければならないことは、いうまでもありません。何年も更新を続けているからといって、うっかり契約書を交わすのを忘れてしまうと、のちのちの雇止めの判断に深刻な影響を与えることになります。

その上で雇止めの際には、会社として十分な説明を尽くし、面談によって本人の意思を確認することが大切です。

最近の裁判例では、会社が説明会を実施し、相談窓口を設け、上司の個別面談を行なうなどの努力を尽くしたケースでは、雇止めが有効と判断された例があります（平成24・2・17 東京地判 本田技研工業事件など）。

会社を守る上での対策のポイントとして、参考にしていきたいものです。

最悪こうなってしまう！

契約社員の労働条件や今までの更新の経緯にもよりますが、2週間前の通告で雇止めとするのは困難なケースが多いでしょう。その場合は、少なくとも解雇に準じた対応を求められることになります。

また、契約社員がユニオン（労働組合）などへ加入し、団体交渉を申し込んでくるなど、個別の紛争に発展してしまうこともあります。

法律・ルールはこうなっている！

平成24年8月に改正された労働契約法により、従来は判例法理とされてきた、有期労働契約の更新等についての「雇止め法理」が法定化されました。

改正法により、有期契約の反復更新により無期契約と実質的に異ならない場合や、期間満了後の雇用継続に合理的な期待がある場合には、「雇止め法理」により、有期契約が更新されたものとみなされることになります（労働契約法第19条）。

第7章 退職

契約社員を自由に雇止めできない場合

❶ 実態がかぎりなく正社員に近い場合
　実質無期契約タイプ＝東芝柳町工場事件
　　➲ 反復継続が繰り返されて、実質的に期間の定めのない契約と変わらなくなった

❷ 契約更新への従業員の期待が高い場合
　期待保護タイプ＝日立メディコ事件
　　➲ 労働者が雇用継続を期待するだけの理由・状況がある

⚠ 労働契約法の改正で法定化！

契約更新の判断要素

① 業務の客観的内容
　　➲ 仕事の種類や内容、勤務形態が正社員とあまり変わらない

② 契約上の地位の性格
　　➲ 採用基準や労働時間が正社員とあまり変わらない

③ 当事者の主観的態様
　　➲ 正社員登用や契約更新を感じさせる言動がある

④ 更新の手続き・実態
　　➲ 契約更新時にきちんと契約書を交わしていない

⑤ 他の労働者の更新状況
　　➲ 今まで労働者の雇止めを行なったことがない

⑥ その他
　　➲ もともと契約更新の回数に上限がない

（「有期労働契約の反復更新に関する調査研究会報告」より整理）

書式 / 雇止通知書

平成24年 7月25日

○○ ○○　　　殿

株式会社Nプランニング
代表取締役　小山　一郎　　印

雇用契約終了の予告通知

　貴殿との雇用契約が平成24年8月31日に満了するに際し、下記のとおり契約終了の予告を通知します。
　今回は以下の理由により更新をいたしませんので、ご承知おきください。

雇用契約期間終了日	平成24年8月31日
更新しない理由	就業規則に基づき 会社の業績不振のため
就業規則該当条文	就業規則第○条第○項
備　　考	

以　上

期間満了での雇止めにもリスクがある

　創業20年近くになる歯科医院では、歯科衛生士、医療事務など、7人ほどのパートが勤務しています。それぞれパートとの雇用契約は6か月契約となっており、今まで何度か更新してきています。
　ところが、昨今の新設医院の増加と保険外診療の競争激化により、医院の業績にも変化が出てきました。このあたりで思い切って経営方針を転換したいと判断し、パート2人を契約期間満了で雇止めすることにしたのです。
　勤務時間終了後に2人を呼び出し、個別に事情を説明しました。医院の経営方針を説き、契約期間が満了する今月いっぱいでの雇止めに同意するよう、持ちかけたのです。2人はあまりに突然のことに困惑を隠せませんでしたが、最終的には院長に押し切られた格好です。
　今まで、このような形で従業員を雇止めにした経験がなかった院長は、「契約満了で辞めてもらうなら、早いほうがいい」と考え、月末での雇止めを決意したのです。
　もともと期間満了なのだから、本人が同意すればまったく問題はない。このように考えていた院長に、労働基準監督署から連絡が入ります。数年間にわたって契約更新してきたパートを2週間前の通告で雇止めにするのは不当であり、本人も納得していないという内容でした。突然の雇止めに不安を覚えた本人が、窓口に相談に行っていたのでした。
　困り果てた院長は、知り合いから紹介された労務の専門家に相談します。契約期間満了の雇止めにも、さまざまなルールがあることを知った院長は、今までリスクを抱えた労務管理をしていたことを思い知ります。
　平成24年8月に成立した改正労働契約法では、有期労働契約の更新等についての「雇止め法理」が法定化されました。これからは、勤務実態が限りなく正社員に近かったり、契約更新への従業員の期待が高い場合には、期間満了という理由で会社が雇止めを行なうことは、ますます難しくなります。
　会社に思いがけないトラブルが襲うことのないよう、普段の労務管理にもしっかり気配りしていきたいものです。

第7章 Q21

うつ病によって休職していた嘱託社員が、休職期間の満了を迎えることになった。トラブルなく退職してもらうには、どうすればいい?

個人的な事情から、うつ病を発症し数か月の休職をしている嘱託社員が、休職期間の満了を迎えることとなりました。就業規則では、休職期間が満了しても職場に復帰できない場合には、当然退職となると定めているので、この嘱託社員も該当者となるのです。

先日その件を伝えたところ、家族から、「しばらくしたら復帰できると言っているのなら、本人は退職するつもりはない。それでも退職というのなら、それは会社都合の解雇ではないか」という回答がありました。

会社は従業員のことを思って、休職制度を認めてきているのですが、勘違いをおこして、自分に都合のいいように考える者が出てくるので、やっかいです。

トラブルに発展することなく退職してもらうには、どうしたらいいのでしょうか。

会社の立場

病気で苦しんでいるのは気の毒だと思うが、休職期間が満了した以上は、復帰できないのなら、退職してもらうことになるのはやむを得ない。

嘱託社員に正社員に準じた休職期間の扱いを認めただけでも、会社としては十分な誠意を見せているはずだ。

VS

非正規社員の立場

休職期間が満了した段階で、会社の都合によって解雇するというのだから、それ相応の対応を取ってもらわないと困る。

今後の生活の保障もまったくないのだから、解雇予告手当くらいはもらわないと納得できない。

第7章 退職

善意の休職制度が裏目に出ないように……

仕事以外が原因の病気やケガを治すために会社を休まざるを得ないとき、仕事を休める期間を会社が恩的に与える制度、これが休職制度です。もちろん法律的な義務ではありませんが、運悪く病気にかかってしまったら即退職ではあまりにもひどいので、何らかの制度を置いている会社が多いでしょう。

問題なのは、休職制度を適用する範囲です。パートやアルバイトには休職制度はないという会社が多いのですが、休職制度の適用に例外がなく、パート規程も存在しない場合、正社員と同じルールが適用されてしまいます。あなたの会社の就業規則は大丈夫でしょうか？

あるいは、あまりにも気の毒な状況にある従業員がいたため、例外として正社員と同じ休職制度を認めるようなケースもあります。会社としては誠意ある対応をしたつもりでも、この場合のリスクははかりしれません。最悪の場合、個別対応のつもりが、会社のルール自体を曲げる前例となってしまう可能性があります。

この場合は、有休消化で対応するか、それができなければ慰労金などを支給した上で、いったん退職してもらうようにします。勤務が可能な状況に回復した段階で、あらためて入社してもらうことも可能でしょう。一見すると冷たい姿勢のようですが、善意の判断が結果として会社全体を傷つけてしまうことのないよう、慎重な対応が必要です。

休職期間満了、リハビリ勤務のルールづくり

一定の要件を満たす契約社員や嘱託社員には、正社員と同様の休職期間を認めるというケースもあります。この場合、気をつけなければならないのは、休職期間満了時の対応です。

たとえば病気療養のために3か月間休職するという場合、3か月経過して休職期間が満了したときの対応が「退職」になるのか「解雇」になるのかは、休職制度のルールいかんにかかってきます。

あくまで退職扱いとするためには、就業規則に「休職期間が満了しても復職できない場合は、休職満了の日をもって退職とする」という規定を置く必要があり

ます。そうでない場合は、期間満了後にあらためて解雇予告の手続きが必要になってきます。

また、まだ従業員が少ないから就業規則がないという会社や、就業規則はあるけれども、休職制度が適用されないパートやアルバイトにもリスクの少ない例外措置を設けたいという場合には、リハビリ勤務のためのルールを作ることをおすすめします。

これはリハビリ勤務に関する同意書を交わすことで、就業規則上の休職規定とは別に、復職に向けたリハビリ期間を認めようという内容です。

もちろん就業規則の規定と矛盾しないようにする必要がありますが、うまく活用することで、どうしても例外を認めたい人への対応が可能になってくるでしょう。

［用語］「嘱託社員」

退職した従業員をもう一度雇入れる場合と、特別な経験や技能を持った人に仕事を依頼する場合がある。法律では、特段の規定はない。

最悪こうなってしまう！

嘱託社員に休職制度を適用する義務はありません。しかし、善意であっても一度認めてしまうと、会社として前例を作ってしまうことになります。したがって、別の嘱託社員が病気などで会社を休む場合にも、本人からの請求があれば同じように休職を認めてあげる必要が出てくる可能性があります。善意で休職を許可したつもりが、将来にわたる会社の負担の増加につながらないよう、注意が必要です。

法律・ルールはこうなっている！

私傷病による休職については、法律上は特に定めがあるわけではありません。ですから、休職制度を置くかどうか、嘱託社員に適用するかどうかは、会社の裁量に委ねられています。

ただし、仕事が原因で発病して労災認定されたようなケースでは、労働基準法の解雇制限により、療養のために休業している期間とその後30日間は、解雇することができません。

第7章 退職

仕事以外が原因の病気やケガを治すための会社を休むことを認める
- ➡「休職制度」＝就業規則によって決められたルール

就業規則の休職制度に例外がなく、嘱託規程もない
- ➡嘱託にも正社員と同じルールが当てはめられる

気の毒な従業員に例外的に休職制度を認めた
- ➡最悪の場合、会社のルールを曲げる前例を作ることにも……
- ➡有休消化をさせるか、慰労金などでいったん退職させるべき

正社員同様に休職制度を認める場合
- ➡休職期間満了後の対応に注意

「退職」なのか？ 「解雇」なのか？
- ●「退職」の場合は、自然退職となる
- ●「解雇」の場合は、解雇の手続きが必要

⚠休職制度がない場合は、「リハビリ勤務」をルール化するとよい

書式 / 休職期間満了通知

平成24年 6月30日

○○ ○○ 殿

株式会社Nプランニング
代表取締役　小山　一郎　㊞

休職期間満了通知

　貴殿は、平成23年8月1日から、病気の治療及び療養のため休職されていますが、平成24年7月31日をもって、休職期間が満了いたします。

　当社では、貴殿からの回復状況の報告をもとに、貴殿の処遇に関して慎重に検討をいたしましたが、まことに不本意ながら現状での会社復帰は不可能との結論に達しました。

　よって、当社就業規則第○条第○項の規定により、来る平成24年7月31日付にて退職となりますことをここにご通知いたします。

以上

契約社員の休職扱いは慎重に

　ある駅前の旅行代理店では、10人ほどの従業員が働いています。正社員は店長を含めて3人で、残りは契約社員とパートでした。

　お客様の受付カウンターには、契約社員のベテラン、Aさんが勤務していました。今年で勤続8年目となるAさんは、常に業務成績がトップクラスであり、後輩の面倒見もよいことから、職場では一目置かれる存在でした。

　契約社員たちの間では、まさに羨望の的ともいえるAさんでしたが、少し完璧主義なところがあり、すべての仕事を1人で抱え込んで、ついつい無理をしてしまうのが、彼女の欠点でした。そのため、ときおり体調不良になることもあり、数か月に一度のペースで欠勤することがありましたが、その穴を埋めるべくさらにがんばり過ぎて、また体調を崩すという悪循環になりつつあったのです。

　度重なる残業が続いたある日、Aさんは激しい頭痛を訴え、翌日から欠勤することになります。数日ゆっくり静養しても治らないことから、病院で検査を受けたところ、軽いうつ病だと診断されました。最低3か月は療養を要するというのが、医師の見解でした。

　会社には契約社員の就業規則はなく、したがって休職という制度もありませんでしたが、なんとかAさんに職場に復帰してほしいという声が強かったことから、特別に休職扱いを認めることになりました。正社員の休職制度に準じて、3か月の休職です。この間、会社はAさんと連絡を取り合いながら、経過を見守っていこうという判断でした。

　残念ながら、3か月経過しても、症状はよくならないどころか、むしろ不安定になるばかりでした。とても職場に復帰できる状態ではないと考えた会社は、やむなくAさんを退職させることになります。

　ところが、今まで休職者を退職させた経験がなかった会社は、すべてを口頭ですませたことが裏目に出て、Aさんの家族との間で小さなトラブルになってしまいました。最初から、就業規則にしたがって、きちんと休職期間満了の通知を出すべきだった。社長は、たったひとつの手続きの大切さを、心から痛感しているといいます。

第8章

解雇

いざというときのための解雇のルールを作ろう

第8章 Q22

協調性のないアルバイトを解雇したい。トラブルを起こさないためには、どのような手続きが必要?

リサイクルショップを経営しており、数人のアルバイトを雇用しています。ほとんど20代の若者ですが、とてもよくがんばってくれています。ところが、働き始めて半年ほどになるA君は、協調性に欠けるところがあって困っています。もともと人間関係は苦手なようで、上司や先輩となかなかコミュニケーションを取ることができません。それどころか、最近は自分勝手な行動を取ったり、上司の指示にも反発するようになってきました。今のところ、お客様対応では問題は出ていないのですが、先が思いやられます。同僚たちは、ほぼ全員が「もうA君とは一緒に仕事をしたくない」と訴え、辞めさせるように求めています。

会社としては、できれば穏便に退職してもらいたいと考えています。どんなことに注意すべきでしょうか。

会社の立場

先輩や同僚たちのほとんどが「一緒にやっていけない」と口にするような協調性のない人間は、たとえアルバイトだからといっても、許されるものではない。

会社としても、断固とした会社の姿勢を見せなければ、逆にほかに示しがつかない。

非正規社員の立場

人間関係を作るのが苦手なことは事実だが、自分としては一所懸命に仕事に取り組んでいるのであり、一方的に責められるのはどうかと思う。

迷惑をかけているとは思っているが、改善すべく努力していくつもりであり、いきなり解雇というのは納得ができない。

第8章　解雇

アルバイトだからといって、むやみに解雇できない

アルバイトやパートが活躍するサービス業の職場ではチームワークが命ですから、著しく協調性に欠ける人間が1人いるだけで、職場のモチベーションはいっきに低下してしまいます。特にお客様対応にも影響が出る業務については、会社として厳しい対応をせざるを得ません。

同僚たちが「一緒に仕事をしたくない」と訴えるほど協調性に欠けるアルバイトなら、即刻解雇するのは当然。そのように考える人は多いでしょう。でも、たとえ問題を抱えるアルバイトとはいっても、即断で解雇をすることはできません。

会社が従業員を解雇するためには、次の条件を満たさなければなりません。

① 懲戒事由と懲戒の種類・内容が就業規則にはっきりと記載され、従業員に周知されていること
② 懲戒規定の内容が合理的であること
③ 実際に懲戒事由に当てはまる事実があったこと

従業員10人未満の会社では就業規則の作成義務はありませんが、解雇などの懲戒処分を行なうためには、就業規則の規定がなくてはなりません。アルバイトに対しても、具体的にどのような制裁を与えるかという根拠が必要なのです。

ただし、協調性の欠如をもって解雇などの懲戒処分を行なうには、アルバイトに適用される就業規則の根拠が必要であり、その規定に基づいて手続きを取ることが求められます。

アルバイトを解雇処分にするには、それなりのハードルがあるといえるでしょう。

解雇のための3ステップ

そうはいっても、会社としてはどうしても解雇にしたいというケースもあります。そこで最低限必要となってくるのが、事実関係の確定、教育指導、警告の3ステップです。

まず就業規則の内容を確認します。ここで協調性欠如の場合の解雇事由が書かれていること、それがア

157

バイトに適用されていることが大切です。

そして、協調性欠如の事実関係を明確にします。たとえば、「○○という行動（事実）は就業規則に反するので、改善してもらいたい」という意思を書面で示すのです。

その上で、一定期間は教育指導を行なわなければなりません。会社の指示に従う意思は持っているのであれば、それを実行させるべく教育し指導する義務は、会社にあるのです。

し、経過を記録しておくとよいでしょう。1か月とか半月ごとに上司と面談

それでも状況が変わらず、改善の見込みがないときは、解雇に向けた手続きに入ることになります。たび重なる指導にもかかわらず改善されないことへの警告を書面で行なった上で、最終的には退職勧奨します。この間のプロセスが書面で詳細に示せるほど、会社の背負うリスクは軽減されていくといえるでしょう。

最悪こうなってしまう！

いかに深刻な協調性欠如が認められる従業員であっても、就業規則の懲戒規定に違反することが明らかで、なおかつ経過と手続きが妥当だと判断される場合でなければ、解雇は認められません。また懲戒解雇の場合、仮にそれが無効となったときは、自動的に普通解雇に切り替わるわけではなく、従業員は引き続き会社に在籍します。この場合は、解雇を伝えた日からの賃金を支払う必要があります。

法律・ルールはこうなっている！

会社が従業員を懲戒するには、あらかじめ就業規則で懲戒の種別と事由を定めて、社内に周知しておかなければなりません（平成15・10・10 最判二小フジ興産事件）。

なおかつ、懲戒解雇を実施するためには、就業規則や個別の労働契約などに、事由と手段を具体的に定めておくことが必要です（昭和61・5・29 東京高判 洋書センター事件）。

第 8 章　解　雇

従業員を懲戒解雇するために必要な条件

❶ 懲戒事由と内容が就業規則に記載され、周知されている

❷ 懲戒規定の内容が合理的

❸ 懲戒事由に当てはまる事実があった

(!) 従業員10人未満の事業所では就業規則の届出義務はないものの、懲戒処分を行なうには就業規則の根拠が必要

(!) パートやアルバイトに懲戒を行なうには、パート・アルバイトに適用される就業規則が必要

解雇のための3ステップ（協調性欠如の場合）

❶ **解雇事由の確認**
協調性欠如の事実関係があるか

❷ **教育指導**
上司が教育指導を行ない、一定期間ごとに面談（記録）

❸ **解雇**
一定期間を経ても改善の見込みがないとき、解雇の手続き

書式 / 解雇通知書（懲戒解雇）

平成24年 7 月 1 日

○○　○○　　　　　殿

株式会社Nプランニング
代表取締役　小山　一郎　　印

懲戒解雇通知書

今般、あなたを下記の事由によって下記の日付をもって解雇しますのでここに通知します。

解雇年月日	平成24年7月31日
解雇事由	去る平成24年6月20日に、取引先のA社内において金品を横領するという法を犯す行為により、わが社および関係先に多大な損害を与えたため。
就業規則該当条文	就業規則第○条第○項
備考	

以上

能力不足で解雇するときのステップ

　ある保険代理店では、営業方針の変化と組織の再編に伴い、営業担当の契約社員が増えていました。現在では、正社員を上回る数の契約社員が活躍しています。厳しい景況の中で営業成績を維持していくためには、即戦力となる人材を常に確保していくことが必要だったのです。

　契約社員は当初は1年更新の制度でしたが、一定期間の営業成績が優秀な場合、正社員登用の一歩手前として、準社員扱いになることがありました。この場合、待遇はほぼ契約社員と同じですが、期間の定めのない雇用に変更となります。保険代理店を経験してから転職してきたAさんも、その1人でした。

　この会社では、最初の数か月は先輩と2人1組で営業に出ることが多いのですが、業界経験者だということもあり、Aさんは当初からコンスタントに好成績を上げていました。最初の1、2年は、社内でもトップクラスの成績を残したこともしばしばでした。

　ところが、3年目を迎えたあたりから、状況が急変してしまいます。もともと独立志向が強く、周囲との協調性を欠くAさんは、しだいに自己流を貫くようになり、職場でも孤立していきました。週1回の会議にも出席しなくなり、同僚ともほとんど会話をしなくなりました。そして、営業成績も最下位争いをするくらいに、急降下していったのです。

　会社も何度かAさんと話し合う場を設け、ことあるごとに指導しますが、いっこうに改善の兆しは見られません。譴責やAさんからの反省文が半年にわたって続いたところで、Aさんを解雇することを決断します。

　能力不足による解雇は難しいことを知っていた社長は、専門家ともしっかりと相談を重ねて、2度にわたりAさんと面談し、解雇予告通知書を交付する準備を進めます。Aさんが営業活動に手を抜いていた状況と、およそ1年の教育指導の記録を1冊にファイルにまとめたのです。

　そして解雇予告の当日、Aさんとの約30分の面談は、無事に終了しました。「しっかり相手の話を聞いて、手続きを踏んでおいたから、混乱なく解雇を言い渡すことができた」。社長は、ホッと胸を撫で下ろしたといいます。

第8章 Q23

取引先が次々に倒産してしまい、売上が3分の1になってしまった。やむなく契約社員を解雇するには、どのような手続きが必要?

建設業関連の会社を経営していますが、昨年から取引先の多くが、不況の連鎖で倒産を起こしています。当社もその影響を受けて今期は業績が振るわず、赤字転落は確実。経営者としては、経費(人件費等)削減をやっていくしかないと考えています。

そこで、今月付けで契約社員全員に辞めてもらうことにしたところ、一部の者たちから、「契約満了ではない、期間途中においての解雇は納得できないし、無効だ」という声があがっています。やむを得ない理由なのだから理解をしてもらうしかないのですが、会社としては、トラブルは極力避けたいものです。

法律的に問題なく、契約社員を解雇することはできないでしょうか。そのためには、どのような手続きが必要になるのでしょうか。

会社の立場

経営状態の悪化が深刻さを増しているので、やむなく大幅な人員削減をしていかざるを得ない。

このような状態である以上は、正社員はともかくも契約社員については、すぐにでも解雇できるはずだ。

VS

非正規社員の立場

会社の業績が悪いといっても、一度の説明会だけで、詳しい内容も知らされずに一方的に解雇されるのは、納得ができない。

契約期間を定めて雇用されている以上は、よほどのことがないかぎり、満了日までは働くことができるはずだ。

第8章 解雇

契約社員を整理解雇するのは難しい

会社の業績が著しく悪く、このままの状態では経営自体が危機を迎えてしまいかねない。やむなく人員削減に踏み切らざるを得ない。こんなとき、正社員ならともかく契約社員なら問題なく解雇できるはずだ。このように考える経営者は多いものです。

でも、残念ながら現実はそうではありません。ひと口に契約社員といっても、契約期間の定めのある従業員の場合には、ある意味、正社員以上に解雇は難しいのです。3か月とか6か月という契約期間のパートについては、まずは期間満了による退職を促しましょう。

契約期間の途中で解雇する場合は、たとえパートであっても、正社員以上に困難が伴うものです。基本的には、業績悪化に伴う人員削減をする際に会社に問われる「整理解雇の4要件（4要素）」を満たす必要が出てきます。

① 人員整理の必要性
② 解雇回避努力
③ 解雇者選定の合理性
④ 手続きの妥当性

①は「従業員を解雇せざるを得ない状況にあるかどうか」、②は「最後まで解雇を避けるための努力を尽くしたか」、③は「解雇する人の決め方は納得性が高いか」、④は「解雇にいたるまでの手続きは適当だったか」ということです。

整理解雇の3ステップ

「整理解雇の4要件」は必ずしもすべてを100パーセント満たさないと絶対に整理解雇ができないというわけではありませんが（そもそもそんな会社のほうが少ないでしょう）、会社として最大限の努力を尽くしたと思われるレベルが求められます。

会社としては、ギリギリまで解雇を避ける努力をしなければなりません。残業をなくす、新たな採用は行なわない、他の従業員との契約更新は行なわない、正社員の昇給や賞与も見直す、可能なかぎりの経費削減を行なう。これらの対策が講じられることが、解雇を

議論する上での前提になります。

そして、パート全員を一律に解雇するわけではないときは、人選が大きな問題になります。勤続年数や担当職務の難易度といった点も判断材料にすべきですが、勤務成績や勤務態度による会社の評価が大切になってきます。できるかぎり、数値化、点数化できるような評価を行なうようにしましょう。そうでないと、人選をめぐってのちのちトラブルになる可能性もあります。

整理解雇を行なうためには、従業員に対する説明会を行なうことが必要です。複数回実施し、会社の誠意を見せるようにします。説明会でのやりとりはすべて議事録として記録に残し、出席者全員からサインをもらいます。この手続きをとるために、少なくとも数か月から半年程度の期間を要する必要があるでしょう。

用語
「整理解雇」
業績が悪化して事業の継続が困難となった会社が、余剰人員を整理するために行なう解雇のこと。

最悪こうなってしまう！

たとえ会社の経営状態が苦しくても、有期契約の従業員を契約の途中で解雇することは困難です。整理解雇の4要件を満たさないままに解雇に踏み切ると、解雇無効になる可能性が高いでしょう。

この場合は、少なくとも残りの契約期間の賃金を支払う必要が出てきます。また、解雇する人の人選や手続きに問題がある場合には、慰謝料等の損害賠償を請求される可能性もあります。

法律・ルールはこうなっている！

会社は、期間の定めのある契約をしている従業員については、やむを得ない事由がある場合でなければ、契約期間満了までは、解雇することができません（労働契約法第17条）。

パートを整理解雇するためには、整理解雇の4要件を満たさなければなりません（平14・9・18 福岡高判 安川電機八幡工場事件）。

第8章　解雇

会社の業績が悪く、経営危機を迎える
⬇
やむなく人員削減に踏み切らざるを得ない
⬇
パートなら、問題なく解雇できるか？

パートでも、契約期間の定めがある場合は、一方的な解雇は難しい

➡ 契約期間の途中で解雇するのは、正社員以上に困難

整理解雇の4要件

❶ 従業員を解雇せざるを得ない状況にあるか？
❷ 最後まで解雇を避けるための努力を尽くしたか？
❸ 解雇する人の決め方は納得性が高いか？
❹ 解雇にいたるまでの手続きは適当だったか？

⚠ 100％満たさないと絶対に解雇できないわけではないが、最大限の努力を尽くしたと思われるレベルが求められる

整理解雇を議論する上での前提

☐ 残業をなくす
☐ 新たな採用は行なわない
☐ 他の従業員との契約更新は行なわない
☐ 正社員の昇給や賞与も見直す
☐ 可能な限りの経費削減を行なう

書式 / 解雇通知書（整理解雇）

平成24年 7 月20日

○○　○○　　　　　殿

株式会社Nプランニング

代表取締役　　小山　一郎　　　印

解　雇　通　知　書

今般、あなたを下記の事由によって下記の日付をもって解雇しますのでここに通知します。

解雇年月日	平成24年8月31日
解雇事由	平成24年5月15日開催の当社取締役会において、長年にわたり、業績不振が続く第2事業部を閉鎖すると決めたため。
就業規則該当条文	就業規則第○条第○項
備　　考	

以上

会社の経営悪化によるパートの整理解雇

　ある家電関連の部品を製造する下請工場では、深刻な円高による原材料の高騰に震災の影響が加わって、急激に業績が悪化していました。全社的に経費削減に努め、役員報酬のカットを始めとして、残業の削減、新規採用の取り止めを行ないましたが、深刻な状況は改善されません。

　会社はやむなく20人ほどいたパートを解雇することで、この危機を乗り切ることを決断します。役員会議の席上では、「パートを解雇するという判断が遅すぎた」という意見と、「一気にすべてのパートを解雇したら、現場が回らなくなる」という意見が、正面からぶつかりました。

　パートは全員、常用雇用の従業員でした。期間契約とは違って、業績が悪くなったからといってすぐに解雇とはいかないことは、幹部一同が理解しています。それでも、このままでは正社員の雇用すら危なくなる。ギリギリの状況の中での話し合いが続きました。

　あまり強引にことを進めるのはリスクが高いと感じた社長は、労務面の顧問を依頼していた専門家と相談することにします。顧問社労士からは、次のようなアドバイスを受けました。「整理解雇をするかどうかは、もちろん経営者の判断ですが、同時に希望退職を募ったり、賞与を削減したりといった努力が必要だと思います。常用のパートを整理解雇するには、相応の説明と協議を尽くした上で、書面で解雇予告の手続きを踏むべきですね」。

　現場のリーダーがそれぞれパートの意見を聴きますが、整理解雇が必要という上司には「やむを得ない」と合わせ、現場が回らなくなるという上司には「仕事を続けたい」と答えるような状況でした。とても率直な意見交換ができるような雰囲気ではありません。

　社長はパートを集めて説明会を行ない、会社の状況とこれからの対応について、理解を求めました。正社員の希望退職の募集や、退職後の再就職への会社の対応にも言及したため、その後の個別面談ではほぼ全員から同意を得ることができました。

　「とても残念だけど、会社がこんな状況なのだから、しょうがないと思う」。解雇予告通知書を手渡す頃には、みんなの意識がひとつになっていました。

第8章 Q24

解雇したパートから、「解雇の理由について教えてほしい」という連絡がきた。揉めないためには、どうすればいい?

協調性もやる気もまったく感じられず、再三注意しても改まらないパート従業員を先日解雇しました。本人もあっさりと承諾をして会社を去ってしまった。最近になって「自分は強引に追い出されてしまった。辞めさせられた理由もよくわからない。もしかしたら解雇は無効なのではないか。そうでないというのなら、会社からの解雇の理由が明確に知りたい」と言い出してきました。

解雇事由については本人に解雇予告通知の段階で明示してあります。それを見ればわかるはずなのに、今頃になって、不当解雇なのではないかと主張してくるというのは、何なのでしょうか。

これ以上の揉めごとは避けたいのですが、会社としてはどのように対処したらいいのでしょうか。

会社の立場

解雇されたパートが退職証明書を請求するのはわかるが、今さらくどくどと愚痴をいわれるのはかなわない。

解雇の理由については、よくよく伝えているのだから、今になって何かと不満を漏らされても困る。

VS

非正規社員の立場

会社が退職証明書を準備するのは当然の義務なのに、何かと理由をつけて引き延ばそうとするのは納得ができない。

そもそも、会社を辞めることになってからの流れ自体に不満があるのだから、会社には誠意ある対応を求めたい。

第8章 解雇

退職時の手続きノウハウ

パートやアルバイトをたくさん抱える会社では、頻繁に退職者が発生することになります。その分、トラブルが起こる頻度も高くなります。会社としては退職時の手続きを円滑に行なうことが大切です。

退職することが明らかになったら、まず有給休暇の残り日数を確認します。退職者に有休の買い上げを認めるかどうかは会社の自由ですが、本人から請求されれば認めなければなりません。このとき、残日数がすぐに把握できなかったり、曖昧だったりすると、トラブルの引き金になります。

次は離職票です。これは退職日以降しか手続きできませんが、本人に交付できる日数の目途と渡す方法をあらかじめ伝えておくようにします。パートやアルバイトだからといって、この手続きを軽視するのは得策ではなく、しばしばトラブルの温床になります。

そして、退職者の保険の切り替え手続き。今まで協会けんぽや組合健保に加入していた人は、退職後は国民健康保険に加入したり、家族の扶養に入ることになります。この手続きはあくまで本人が行なうべきものですが、退職後に会社に質問がくるケースもあります。あらかじめ退職時に会社に正確な知識を伝えておくことで、わずらわしいやりとりがなくなります。

退職証明書は、退職日にすんなり交付してあげるようにすると、すべての手続きがスムーズに進みます。

退職者との関係が会社の気運を左右する

求人に苦しむ小さな会社や地域密着で事業を営む会社、医療、介護や金融、保険といった専門的な職種では、いったん退職した契約社員やパートが再び入社して活躍するという例もめずらしくはありません。家庭の事情やそのときの状況が理由で退職するものの、また機会があれば今までがんばってきた業界や会社で働きたいと考える人は多いものです。

正社員の場合はキャリアに対する考え方が変わったことで退職するケースが多いですが、契約社員やパートの場合は必ずしもそうではない人が多いでしょう。

会社としては、やむを得ない事情で退職した人に対して、将来の門戸を閉ざすことは得策ではないはずです。

とはいっても、本人の都合で退職する人にあまりいい顔はできないでしょうし、退職する人としてもしばらくは去ることになる会社とは距離を置きたいというのが人情です。

リクルートにはMR会活動、楽天には元楽会活動という、退職者をフォローする集まりがあることは有名です。これらは正社員経験者が対象ですが、ポリシーとしては契約社員やパートにも応用することができます。

会社と良好な関係にある退職者にコミュニティを作ってもらう、専門職であれば退職者専門の求人フォームを作る、毎月メルマガを届けるなど、会社との距離を縮める方法はいくつか考えられるでしょう。

【用語】
「組合健保」
健康保険組合が運営する健康保険。事業主が組合を設立して、従業員が被保険者となる。保険料率は、組合ごとの規約で定めることができる。

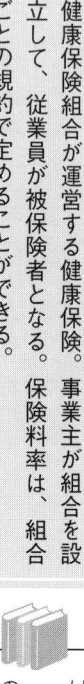

最悪こうなってしまう！

会社は、退職証明書の交付を拒むことはできません。コミュニケーションが取りづらいとはいっても、早めに対応することが必要です。

証明書の交付を拒んだり、正当な理由なく遅延した場合には、30万円以下の罰金に処せられることになります（労働基準法第120条）。また、退職者が請求していない事項について記載した場合も、同様です。

法律・ルールはこうなっている！

会社は、退職者からの請求があった場合には、退職証明書を遅滞なく交付しなければなりません。退職証明書には、雇用期間、業務の種類、会社での地位、賃金、退職の事由について記載する必要があります。ただし、請求されていない事項については、記載してはなりません（労働基準法第22条）。なお、この請求の時効は退職から2年であり、その間は請求回数に制限はありません。

第8章　解雇

退職時の手続きノウハウ

❶ 有給休暇
残り日数を確認。場合によっては、買い上げの手続き

❷ 離職票
退職後に交付できる目途と方法をあらかじめ伝える

❸ 保険の切り替え
退職後の国民健康保険加入や扶養の手続きを伝える

❹ 退職証明書
退職日にスムーズに交付する

(!) あらかじめ退職時のトラブルを防ぐことができる

退職者との関係が会社の気運を左右する
⇒ 契約社員やパートの場合、いったん退職した人が再び入社することもしばしば

退職者をフォローする集まり
（リクルートのMR会、楽天の元楽会……）
⇒ 契約社員やパートにも応用できるのでは？

書式 / 退職証明書

平成24年 9 月 1 日

○○ ○○ 殿

株式会社Nプランニング
代表取締役 小山 一郎 印

退 職 証 明 書

あなたは当社を、平成24年8月31日 に退職したことを証明します。

使用期間	平成24年4月1日より平成24年8月31日
業務の種類	梱包および納品業務
当社における地位	
賃　金	時給　　　　　900円 皆勤手当　月額 3,000円 通勤手当　日額　 300円

① あなたの自己都合による退職（2を除く）
2 当社の勧奨による退職
3 定年による退職
4 契約期間の満了による退職
5 移籍出向による退職
6 その他（具体的には　　　　　　　）による退職
7 解雇（別紙の理由による）

※ 該当する番号に○印をつけること。
※ 解雇された社員が解雇の理由を請求しない場合には、7の「（別紙の理由による）」を二重線で消し、別紙は交付しないこと。

別　紙

別　紙

ア　天災その他やむを得ない理由（

　　　　　　　　　　　　　　　　　　）による解雇

イ　事業縮小等当社の都合（具体的には、

　　　　　　　　　　　　　　　　　　）による解雇

ウ　職務命令に対する重大な違反行為（

　　　　　　　　　　　　　　　　　　）による解雇

エ　業務について不正な行為（

　　　　　　　　　　　　　　　　　　）による解雇

オ　相当長期間にわたる無断欠勤をしたこと等勤務不良であること（

　　　　　　　　　　　　　　　　　　）による解雇

カ　その他　（

　　　　　　　　　　　　　　　　　　）による解雇

※ 該当するものに○印をつけ、具体的な理由などを（　）の中に記入すること。

退職した人とトラブルを起こさないために

　創業18年のある歯科医院は、毎日たくさんの地元の患者さんで列ができています。気さくで優しい人柄だった先代の先生の頃から地元では評判で、昨年あとを継いだ院長も、親切丁寧な診療で多くの人の信望を集めていました。

　ここ数年の患者数の増加にしたがって、スタッフも着実に増えており、今では12人となっていました。スタッフが増えることで、どうしても院長1人では目が行き届かないことも出てきます。最近は、古株のスタッフと新人との間でちょっとしたトラブルが起こるようになってきました。

　創業以来、医院の事務ごとを取り仕切ってきたAさんは、10人近くいたパートの中でも中心的な存在でした。Aさんは人一倍責任感が強いのですが、その反面すべて自分のペースで取り組まないと気がすまない性格です。そのことから、最近採用された新人とは、なかなかウマが合いませんでした。

　新入社員に対する厳しい指導に始まり、ミーティングの席上での新人への罵倒など、事態はしだいにエスカレートしていきます。決定的だったのは、採用されて3か月のパートBさんが、事務手続きで軽微なミスをしたときのことです。新人にありがちなミスでしたが、AさんはBさんを激しく叱責し、執拗な注意は翌日まで続きました。

　精神的に追い詰められたBさんは、1週間後、院長に退職届を提出します。もともと異業種からの転職で、Aさんへの悩みだけでなく、仕事自体への適性にも疑問を持ち始めていました。最終的には、今後の自分自身の方向性を考えての判断でした。

　ところが、退職後にBさんから請求された退職証明書の請求をAさんが放置してしまったことが、新たな火種になります。Aさんとしては、さんざん翻弄されたBさんの書類なんて、「後でもいい」と考えたのです。事務はすべてAさんに任せていた院長は、まったくこのことを知りませんでした。

　医院のぞんざいな対応に、Bさんの両親も不快感を持ち、院長に詰め寄る事態になりました。職場の感情のもつれや書類の不手際が、深刻なトラブルに発展したことを院長は心から不覚に思っているといいます。

第9章

採用・選考

職場に必要な人をしっかり見極めよう

第9章 Q25

ハローワークに求人を出しても、なかなか思うような人が応募してこない。効果的に求人を出すためには、どうしたらいい?

飲食店を経営しています。フロアとメニューの拡充に伴い、今回数名のパートを募集することになりました。そこで先日からハローワークで求人しているのですが、なかなかお店の要望に合う人と出会うことができません。

今まで応募してきた人の履歴書をみても、その後の面接をしても明らかなミスマッチ状態です。あまり余裕がないので費用も時間もかけることができず、正直困っています。

そもそも、求人票という限定された書式の中では、こちらの思いがうまく伝わらないのかもしれませんね。やはり多少の費用がかかっても、求人広告を考えたほうがいいのでしょうか。効果的に求人する方法があれば、ぜひ知りたいです。

会社の立場

ハローワークで求人を出しても、求人誌の広告で募集しても、なかなかいい人材が来てくれず、採用しても定着してくれない。真剣に求人を出して、面接選考を行ない、お互いが納得した上で採用したのだから、安易に職場を去らないでほしい。

非正規社員の立場

しっかり仕事をがんばろうと思って入社したが、求人広告や面接のときのイメージとあまりに違うので戸惑っている。自分が思い描いていたものと違い過ぎると、幻滅してしまい会社への信頼感が持てなくなってしまう。

第9章 採用・選考

パート・アルバイトの求人は、なぜ難しいのか?

「パートやアルバイトの求人は難しい」「採用してもなかなか定着してくれない」という声をよく聞きます。

製造業でも、飲食店や販売店、介護事業でも、パート・アルバイトの雇用で最も頭を抱えるのが、いかに採用し、いかに定着させるかという問題です。

なぜ、パート・アルバイトの求人は難しいのでしょうか? それにはさまざまな理由がありますが、共通していえるのは、正社員の求人に比べて会社の取り組み方が甘いということです。

募集にかけられる予算はかぎられますし、人的にも時間的にもコストをかけることはできません。その上、退職者が急に出てすぐにも補充しなければならないケースが多く、正社員のような計画的な採用や引き継ぎができないのが現状でしょう。

そのため、どうしてもミスマッチが多発してしまいがちです。採用しても職場が合わなくて退職されてしまって、すぐに補充する必要があるからとりあえずまた採用して……、という流れを繰り返していると、どんどん「負のスパイラル」に陥ってしまいます。

この流れを切り替えるには、パート・アルバイトの採用に対する発想を切り替えることが必要です。すなわち、今までは「会社が必要な人材」という視点だけで募集していたのを、「この職場で働くことのメリット」という、働く側の視点を強く意識していくのです。

求職者の心を揺さぶる4つのキーワード

会社が「安い給料で必要なときだけ働く人」がほしいと思えば、やはり「時間を切り売りして、都合が悪くなったら立ち去る人」が寄ってきてしまいます。

ですから、必ず、パート・アルバイトの求人に成功している会社は、「がんばることで得られるもの」を働く側の視点で明確に打ち出しています。

同じ「時給800円」でも、その価値は受け手によってまるで違ってきます。金額だけで捉えれば800円は安いのですが、仕事を通じて他では得られない経験ができるのであれば、とても価値ある職場ということになるのです。

求人において、「パート・アルバイトの心を揺さぶ

るキーワード」は、次の4つです。

① 地域貢献
② 安定企業
③ 働きやすさ
④ 社長の思い

この中でも特に大切なのが、①地域貢献と②安定企業。人がパート・アルバイトとして働く理由はまちまちです。でも、ほぼ共通するのは、その地域で働きたいという思いと、安定した職場で働きたいという願望。あなたの会社のミッションを打ち立てて、わかりやすい言葉で地域貢献をうたいましょう。そこから職場の真剣さが読み取れれば、必ず伝わるはずです。

> **用語**
> 「職業安定法」
> 職業紹介に関する基本法。公共職業安定所やその他の職業安定機関が労働者に就業の機会を与え、産業に必要な労働力を提供することを目的とする。

最悪こうなってしまう！

求人の条件と実際の業務の内容が明らかに異なる場合には、労働基準法の規定によって労働者から即座に契約解除された上に、30万円以下の罰金が科せられる可能性があります。

また、明らかな不一致ではなくても、過大な表現があったり、曖昧な言葉づかいがあった場合には、行政から指導を受けたり、従業員が仕事上の指示に従わなかったりといった弊害が出てきます。

法律・ルールはこうなっている！

会社が労働者を採用するときは、賃金や労働時間などの労働条件を書面で明示しなければならず、明示された労働条件が事実と異なる場合には、労働者は即時に労働契約を解除することができます（労働基準法第15条）。

労働者の募集にあたっては、担当させる業務内容や賃金、労働時間などの労働条件を明示しなければなりません（職業安定法第5条の3）。

178

第9章 採用・選考

パート・アルバイトの求人
➲ 正社員と比べると会社の取り組みが甘い

⬇

ミスマッチが多発
➲ 負のスパイラル

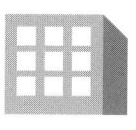

⬇

❗ 発想の転換が必要

会社が必要な人材 ← この職場で働くメリット

パート・アルバイトの心を揺さぶる4つのキーワード

❶ 地域貢献　　地元の社会や経済とどう関わっているか
❷ 安定企業　　3年後、5年後も安心して働けるか
❸ 働きやすさ　福利厚生や職場の雰囲気はどうか
❹ 社長の思い　会社のミッションに共鳴できるか

書式 / 効果的な求人広告の例

左上の一番最初に注目される場所に、重要な事項である社長の思いを打ち出してみる

求めている人材にとって一番魅力と思われるメッセージを盛り込む

【契】　勤務地▼鈴鹿

伝えることに熱意をもって一緒に事業を育てませんか？

三重の田舎で、カッコよく仕事がしたい！

職種	WEB デザイナー補助
給与	時給 900 円
資格	Photoshop、Illustrator、DreamWeaver が使える方 html、css、javascript の編集知識のある方 経験者優遇
待遇	社会保険完備、交通費支給、昇給年 1 回
勤務	9：00 〜 16：00　残業あり　週休 2 日制

応募方法　電話連絡の上、履歴書を下記宛までご送付ください。
　　　　　追ってこちらから面接の日をご連絡いたします。

株式会社　○○○○
〒519-0323 三重県鈴鹿市○○町△△ビル 2F
TEL 999-999-9999　　FAX 999-999-9999

労働条件は、実際と違うと後々トラブルになるので正確に

会社の雰囲気はどうか？　たとえばスタッフの笑顔や作業場の風景など「会社が見える」写真を用いると、求職者の不安を和らげることができる

ソーシャルメディアを活用した求人

「ハローワークに求人を出してもなかなか思うような人が応募してこないし、大々的に求人広告を出すほどの予算も取れない」こんな声をしばしば聞きます。

就職する側からみればとてつもない就職難の時代ですが、人を募集する中小企業や店舗経営者にとっても、間違いなくミスマッチが多発している大変な時代です。

特にパートやアルバイト、契約社員を採用する場合は、なかなか求人コストをかけるわけにもいきませんから、悩みも深刻です。

そんな場合は、ブログ、ツイッター、フェイスブックといったソーシャルメディアを求人に活用するという方法を検討してみてもよいでしょう。

ある建築士事務所では、以前から所長の片腕となる人材を求めていましたが、いいと思う人が入社しても、なかなか定着しないことに悩んでいました。

そこである人からの勧めを受けて、ツイッターとフェイスブックを始め、日々の仕事や自分の経営に対する考え方を毎日発信していくことにしました。

もともとインターネットにはまったく興味のなかった所長ですが、建築士の仕事には人一倍の情熱とこだわりを持っていたこともあって、しだいにリアルタイムに情報発信することに、喜びを見出すようになりました。

約3か月後、事務所が求人することを記事にしたところ、10人以上の人から応募がありました。いずれも、所長の人となりや仕事への思いについて、それなりの理解を持った人ばかりでした。

今まで正社員を求めては半年も経たずに辞めていくケースが相次いだため、今回はまずアルバイトとして採用して、適性を見極めながら育てていくという選択を取りました。

「所長の考えに共感しています。ぜひ、一人前の建築士になって、御社の夢の実現に協力させてください」。

こう語る青年を採用した所長は、ソーシャルメディアがもたらした出会いの力に、とても驚き感謝しているといいます。

第9章
Q26

採用面接で「この人ならいける！」と思っても、数週間で辞めてしまい困っている。悔いのない面接選考を行なうには、どんな点に気をつけたらいい？

人というのは本当にわからないものだとつくづく思います。先日退職した契約社員には、まったくもって期待を裏切られました。

採用の面接では、「僕は御社に骨をうずめる覚悟でいますので、よろしくお願いします！」と力強く宣言して、とても好印象でした。

ところが、入社後、営業の仕事に対して事あるごとに難癖をつけてサボり出し、挙句の果てにはたった数週間で辞めてしまったのです。採用担当としては、まったくもって立場がありません。

履歴書も職務経歴も面接での印象もとてもよかっただけに、いったい何がまずかったのかという思いです。今後の面接選考では、どんな点に気をつけたらいいのでしょうか。

会社の立場

面接では、印象をよく見せようという気持ちが強いあまり、質問に対して明確な回答をしない人が多くて、困っている。

自分の本当の思いや考えを伝えてくれないようでは、これからの仕事に向けた前向きな話にならず、判断を出しにくい。

VS

非正規社員の立場

ただ機械的に質問を投げかけてくるだけで、本当に自分に関心を持ってくれているかどうかがわからない。

変に「変わった人」というレッテルを貼られるくらいなら、表面だけでも好印象を与えたほうがいいと思ってしまう。

第9章 採用・選考

「たかがパートの採用」と思ったら大きな間違い

忙しい中、面接を行なわいやっと採用を決めたのに、いろいろと理由をつけて、わずか数週間で職場を立ち去ってしまう。しかも、そんな人が1人や2人ではなく、何人も続いてしまっている。こうなると、もはや目の前の仕事どころではなくなってしまいます。

パートやアルバイトの場合、採用選考はたいてい面接のみであり、学力試験や適性検査を行なう会社は稀です。だから、採用の失敗が続いても、ただ面接で人物を見抜けなかった自分の至らなさを責めるばかりで、具体的な対策が講じられないことが多いのです。

言葉には出さないものの、心の中に「たかがパートの採用」という気持ちはないでしょうか。そうだという人は、今すぐその意識を払拭しましょう。1回の面接で採用が決められ、入社後は即戦力として働いてもらうという意味では、パート・アルバイトの採用は、正社員よりも難易度が高いのです。

特にパート・アルバイトの比率が高く、大量採用するような業種・業態では、採用面接の成否が会社やお店の今後を左右するほど重要な意味を持ちます。ですから、必要な時間と労力をかけることは、きわめて大切です。

真剣に採用に取り組むなら、社内で模擬面接のロールプレイングを行なうのがおすすめです。習熟を重ねていくと、かなりの確率でミスマッチを防げるはずです。

これだけは聞いておきたい面接時の3つのポイント

面接の失敗には、2種類あります。「そもそもどんな人物なのかを見抜けなかった場合」と、「本来聞いておくべきことを聞けなかった場合」です。

もちろん、前者が面接のキモの部分ですが、まずは少なくとも後者の失敗だけは避けるように心がけましょう。そうすることで、おのずから人物の見極めにも磨きがかかってくるというものです。

パート・アルバイトの面接では、欠かすことができない3つのポイントがあります。

① 過去の成功体験

② 仕事内容・勤務地
③ 仕事と家庭の両立

パート・アルバイトの面接では、ほとんど質問することがない「過去の成功体験」。これはその人のスキルや経験をみるというよりは、人物や姿勢を確認する問いです。この質問で一瞬どぎまぎする人は、かなり「本気度」が低いとみて間違いありません。

「仕事内容・勤務地」は文字通り、ミスマッチを避けるための問いです。ここでは必要なスキルや経験について、具体的にチェックするようにします。

3番目は、ずばり直球勝負で「家庭の事情によって退職する可能性」を聞きましょう。この点をクリアできれば、離職率は2割ダウンさせられるはずです。

用語
「適性検査」
学力検査・知識検査などの能力検査と、性格検査（心理検査）の総称をいう。

最悪こうなってしまう！

いくら面接で聞きたいと思っても、本籍や出生地、家族・住宅・家庭環境など、「本人に責任のない事項」、宗教や支持政党・社会運動・購読新聞などの「本来自由であるべき事項」について質問することは、適切でないとされています。

うっかり質問してしまうと、行政から厳しい指導を受けたり、ハローワークへの求人が出せなくなったりすることもあります。

法律・ルールはこうなっている！

職業安定法により、本籍・出生地・家族の職業や収入・本人の資産・思想・信条・労働組合への加入状況などを収集することは許されません（第5条の4）。

行政からの改善命令に違反すると、6か月以下の懲役または30万円以下の罰金に科されます。

第9章 採用・選考

パート・アルバイトの採用は正社員よりも難易度が高い
- [ ] 1回の面接で採否を決定しなければならない
- [ ] 即戦力を採用する必要がある

NG「たかがパートの採用」という意識は払拭しよう

パート・アルバイトを大量採用する業種・業態では、採用の成否が会社の今後を左右する

よくある面接の失敗パターン

❶ そもそもどんな人物か見抜けなかった
❷ 本来聞いておくべきことを聞いていない

(!) 社内で模擬面接の「ロールプレイング」を行なうことで、❷は確実に防ぐことができる

面接で聞くべき3つのポイント

❶ 過去の成功体験	「具体的な成功談」「何をやっていたとき、一番輝いているか」
❷ 仕事内容・勤務地	実際の勤務条件を具体的にイメージさせる
❸ 仕事と家庭の両立	生活環境についても把握する

書式 / 面接シート

＜面接においてのチェック項目＞　　　平成〇年〇月〇日

　　　　　　　　　　　　　　　　　　　　〇〇　〇〇

・人物
　　性格→ 明るく、まじめそうに見える。
　　長所→ 受け答えがしっかりして、反応がいい。
　　短所→ こちらの話を最後まで聞かずに話しだす。

・業務上のスキル
　　現状→

　　プラス面→ 前職を活かして即戦力となりそうだ。

　　マイナス面→ PC操作がやや苦手だと話していた。

・社内での位置づけ
　　営業面→ 営業の補助ということで話を進めている。

　　内勤事務面→

・入社時期　　来月早々にでも入社したいとのこと。
・待遇　　　　特に不満はなさそうだ。
・家庭環境　　一人暮らし。両親は県外に住んでいる。
・人生計画　　しばらくはこのままで。いずれは結婚も考えているらしい。
　　　　　　　仕事は続けていきたいようだ。
☆　会社の目標について→客観的にみてどう感じるか？
　　　　　　　　　　お客様目線を大切にしていることが、ホームページ
　　　　　　　　　　から伝わってきたと言う。賛同しているとのこと。
☆　会社の目標について→自分はどう貢献できるのか？
　　　　　　　　　　前職（同業）を活かして、結果をすぐにでも
　　　　　　　　　　残したいとのこと。
　　　　　　　　　　　　　　　　＜面接担当＞　△△　△△

パート採用の秘密のシート

　パートさんの募集には、苦労をされる方も多いものです。パートといえどもスタッフの一員なので、小さな会社では、会社と同じ方向を向いて仕事をしてもらう必要があります。

　ところが、どんな業種・業態でも、パートと会社がベクトルを合わせるのはかなりの難事です。過大な期待をかけてしまうとつぶすことにもなりかねませんが、かといって「たかがパート」という態度はもちろん禁物。

　ある製造業の事務・管理部門では、パートの採用にあたって、こんな「入社試験」を実施しています。試験といっても、もちろん学科試験ではありません。Ａ４の紙切れ１枚の簡単なシートです。

　内容は、いたって簡単です。入社後に実際にしてもらう仕事に必要なエッセンスを、７つの質問にまとめてあるだけです。これを、約10分で回答してもらうのです。

　たとえば、主に在庫管理と伝票整理を担当してもらうパートの場合、「倉庫に出向いて在庫を確認する上で、注意すべきことは何だと思いますか」「伝票をまとめる上で、ミスをしないために何に気をつけますか」など。

　実際に入社後にやってもらう仕事について、「自分だったら、どう向き合うか」を聞くわけです。シンプルな質問に答えるだけの「試験」ですが、長時間の面接や学科試験よりも、効果があるのだといいます。

　通常、面接では今までやってきた仕事の経験や、これからの仕事の抱負を聞きますが、ここではそういった話にはいっさい触れません。

　この７つの質問には、小さな会社・お店の人事考課のノウハウが詰まっています。つまり、入社後の仕事を評価する際の主な考課項目が、質問に加味されているのです。

　面接で質問を受ける側は、実際に取り組む仕事をイメージして、自分ならどう取り組むかを考えることが求められます。これらこそ、まさに入社初日から必要とされるエッセンスです。

　「この面接方法に変えてから、変に相手の裏を読む力みがなくなり、相手の入社後の姿が面接中に浮かび上がるようになった」といいます。

第9章 Q27

何回かパートを採用しているが、なかなか定着してくれない。適性検査をやってみたいけど、何から始めたらいい?

先日採用したパートが、また1人辞めることになりました。今年に入ってこれで何度目かと思うと、複雑な思いです。

このところ、短時間勤務のパートだからといって、軽く考えている人間が多すぎる気がします。

うちにかぎって、なぜここまで人が定着しないのか。仕事がそんなにきついのか。それとも人間関係なのか。そもそもうちの仕事に合う人間だったのだろうか。

知り合いの社長のところでは、簡易的な適性検査をやっているらしいのですが、うちでもやってみたほうがいいのかなと思っています。

ただ、いろんな種類があるらしいので、どういうころから始めたらいいのか、基本的なことがわからないのですが。

会社の立場

このところ新しく採用したパートと職場とのミスマッチが続いてしまい、なかなか職場に新人が定着しない状況が続いている。

これ以上のミスマッチを防ぐために、パートに対しても採用時の適性検査を受けてもらうようにしたい。

非正規社員の立場

正社員でもないのに、入社時にあまり細かな適性検査を受けさせられるのは、納得がいかない。

求人には「未経験者でも可能」と書かれていたのに、あれこれと条件を求められると、不安になってくる。

VS

第9章 採用・選考

採用選考までにできることはかぎられている

パート・アルバイトを採用選考するためにかけられる時間はかぎられており、できることにもかぎりがあります。しかも、一度採用を決めてしまうとそうやすやすく選考をやり直すことはできません。

むやみにミスマッチを起こして職場を去られたのでは、実質的に大きな時間とコストをロスすることになりますし、適格性に欠く人が出てきたとしても、会社都合で退職させるにはそれ相応のプロセスが必要です。いずれも会社は大きな犠牲を払うことになります。

その意味では、パート・アルバイトの採用は、正社員ほどではないにせよ、決して「失敗」は許されないという大きなプレッシャーがかかる場面です。

採用の「失敗」を避けるには、「失敗しない確率」を上げるべきです。そのためには、基本的に2つの方法しかありません。ひとつは、じっくりと時間と労力をかけること。もうひとつは、複数の手法や目線を盛り込んで選考すること。

もちろん、この両方を徹底するのが最良の手法です

が、時間や労力をかけることは、おそらく物理的に困難な例が多いでしょう。ですから、時間や労力ではなく、お金をかけて複数の手法を取るのが妥当です。お金といっても1人あたり数千円のコストで実現できる方法、それが、適性検査です。これからは、パート・アルバイトでも、適性の見極めが重要な時代です。

パート採用にも使える「適性検査」

正社員はともかく、パート・アルバイトにまで適性検査を実施することには、抵抗感がある人も多いでしょう。でも、少なくともコスト面で考えるかぎりは、面接技術の向上をトレーニングしたり、求人広告のスペースや頻度を上積みするよりは、はるかに安価な方法なのは間違いありません。

パート・アルバイトの採用でおすすめの適性検査は、次の3つです。いずれも数千円で受けられます。

① CUBIC（キュービック）
② TA（交流分析）エゴグラム
③ HCi-AS適性検査

キュービックは、日本で最も普及している適性検査です。10万人のデータから日本人固有の性格を抽出しているため、性格や興味関心、配置適性などを正確に分析することができます。何も知識がない場合は、まずはキュービックから始めてみるべきでしょう。

TAは、臨床心理学の交流分析を用いた適性検査。上場企業や医療機関などでも活用されている信頼性の高い手法です。WEB環境があれば即座に結果が出るため、面接中のフィードバックが可能です。

HCI-ASは、臨床データ重視、記述文重視の適性検査。人物本位の面接の参考になります。性格が文章で解説され、「採用してよい」「避けたい」といった結論が記載されるのが、この検査の特長です。

> 用語
> 【解雇予告手当】
> 会社が、労働者をやむを得ない理由で解雇するとき、30日以上前から解雇を予告しない場合に支払わなければならない手当のこと。

最悪こうなってしまう！

入社後、明らかに協調性が欠如していたり、業務に求められる資質が不足していることが発覚した場合でも、採用から14日目を過ぎてしまったら、解雇するには解雇予告手当を支払う必要があります。

それだけでなく、業務に対する取り組み姿勢が甘かったり、著しくモチベーションが低い場合には、周囲に対する悪影響が心配されます。最悪の場合、同じ職場から退職者が出ることもあるでしょう。

法律・ルールはこうなっている！

採用選考にあたって、面接や学力試験のほかに適性検査を課するかどうかについては、あくまで会社の判断に委ねられています。

ただし適性検査の実施にあたっては、目的外に使用していないか、実施や判定には、専門的知識のある人があたっているかどうかが問われます。

これらが満たされないときは、不公正な採用選考として行政からの指導の対象となることもあります。

第 9 章 採用・選考

どんなに細心の注意をはらっても、採用のミスマッチはある
➡「失敗しない確率」を上げるしかない
❶ じっくりと時間をかけて採用選考する
❷ 複数の手法や目線を盛り込んで採用選考する

⬇

パート・アルバイトの採用では❶は難しい
➡❷を実践するのが現実的

代表的な適性検査

☐ CUBIC（キュービック）
10万人以上のデータから、性格や興味関心、配置適性などを正確に分析

☐ TA（交流分析）エゴグラム
WEB環境があれば面接中のフィードバックが可能
ヒューマンスキル開発センター　http://www.human-skill.co.jp

☐ HCI-AS適性検査
「採用してよい」「避けたい」などの結論が記載される
ヒューマンキャピタル研究所　http://www.hci-inc.co.jp

適性検査なら、時間や労力をかけずに❷を実践することができる

書式 / 適性検査

平成〇年〇月〇日

お名前　〇〇 〇〇

- 自分の性格を一言でいうと　明るくて、何事にも積極的にトライする性格です。
- 過去の経験から学んだ一番大きなことは　臨機応変に自分を活かしていくこと。
- 仕事上の目標は　与えられたことをこなすだけでなく、自らすすんで提案ができるようになること。
- 当社の仕事のイメージは　お客様の立場になって営業している。
- 自分のセールスポイントは　人見知りをせず、どなたとでも話をすることに抵抗感がなくかかわっていけます。

○ 活動的で機敏に動き回る	**(はい)** ・ いいえ ・	（	）
○ 気分で行動に変化がある	はい ・ **(いいえ)** ・	（あまり浮き沈みがない。）	
○ 何事も粘り強くやり通す	**(はい)** ・ いいえ ・	（	）
○ 規則等を重視し行動する	**(はい)** ・ いいえ ・	（	）
○ 孤独な面があり内省する	はい ・ **(いいえ)** ・	（ひとりで悩みすぎない。）	
○ 思慮深く冷静に判断する	はい ・ いいえ ・	（	）
○ 競争心が強く積極的に動く	**(はい)** ・ いいえ ・	（	）
○ 自らのプライドを尊重する	**(はい)** ・ いいえ ・	（	）
○ 慎重に見通しをつけて動く	はい ・ いいえ ・	（	）
○ 考えすぎて遠慮がちになる	はい ・ **(いいえ)** ・	（考えるより行動してしまうことが多い。）	

ご協力ありがとうございました。

キュービックを使ってモチベーションアップ

　ある事務機器販売会社では、5人ほどの契約社員が活躍しています。彼らの主な仕事は、法人向けに納入した事務機器のメンテナンス。コピー機やファックス、その他の通信機器について、不具合が生じたときの対応と、定期的なメンテナンスを行なっていました。

　ベテランもいれば、入社1年目の人もいましたが、それぞれ協力し合いながら仕事をし、雰囲気のよい職場でした。そんな中、業務の拡大にともなって、新たな契約社員1人が入社することになりました。

　意欲も能力も高い新人でしたから、周りの期待も高まります。ところが、なかなか先輩たちの輪の中には入れません。マニュアルを覚えるとか、お客様対応については、大きな問題なく取り組むことができたのですが、どうも社内の人間関係を作るのは苦手だったのです。

　メンテナンスの仕事というのは、基本的には1人でお客様のところに出向くのですが、大規模な案件では2、3人で動くこともあります。常に仲間と連絡を取り合って仕事を進めていくため、周囲との連携が欠かせません。決して口数が少ないわけではなかった新人でしたが、会話や価値観が同僚とどうしてもかみ合わず、職場で孤立してしまいました。

　このままでは精神的につぶれてしまうと思った社長は、ある人にすすめられて、部下たちに適性検査を受けてもらうことにしました。適性検査の中でも、もっとも裾野が広いとされている、キュービックです。

　実施してみてわかったことは、職場のメンバーたちには明らかな傾向があるということです。関心事・興味領域には「客観・科学型」「心理・情緒型」が強く、職場での社会性には「協調性」「責任感」が強い人が多かったのです。

　逆に、新人の結果をみたところ、関心事・興味領域は「審美芸術型」、職場での社会性は「自主性」が強いという傾向が顕著でした。社長は、彼の業務内容の見直しを行ないます。

　要望が高いお客様の提案書の作成を任せ、1人で対応できる顧客を担当させたところ、徐々に自信が戻ってきました。職場の仲間とも打ち解けるようになり、持ち味が発揮できるようになったといいます。

第10章

派遣・請負

派遣や請負の活用方法を知ろう

第10章 Q28

派遣社員を受け入れることにしたが、給料や仕事内容をあれこれ聞かれて困っている。どう対応すればいい？

事務所のスタッフ増員にあたって、派遣社員に来てもらうことになりました。知人から紹介された派遣会社に依頼したところ、とても元気で好印象な人が職場に入ることになりました。業界経験も豊富なので、仕事ぶりには周囲の誰もが満足しています。

ところが数週間もすると、困ったことが起こり出しました。その派遣社員が、ことあるごとに労働条件や待遇について、上司や先輩に聞きまくるようになったのです。労働条件については派遣会社に確認するようにと伝えても、本人は納得しません。同僚や契約社員にも給与について問いただすようになってきたので、会社としても目に余ると判断しています。

仕事はできる人なのでもめごとは起こしたくないのですが、どう対応したらいいのでしょうか？

会社の立場

派遣社員はうちが直接雇用しているわけではないから、労働条件や待遇について聞かれても困る。

そういった点については、派遣会社にしっかりと確認してから働いてほしい。

これ以上、職場の秩序を乱すようなことは、やめてもらいたい。

VS

非正規社員の立場

派遣社員である以上、派遣会社に雇用されていることはもちろんわかっている。

ただ、仕事をしていく上での疑問には、もう少し現場の上司が応えてくれてもいいのでは。

派遣社員だというだけで、何かとまわりの対応が冷たいように思えてならない。

第10章 派遣・請負

派遣社員を受け入れるときは派遣契約書を交わす

業務の繁閑がある仕事や専門性の高い職種、採用に緊急性がある場合など、派遣社員が活躍する場面は多いものです。

ただ、派遣社員は雇用される会社と実際に勤務する会社が異なるので、職場での行き違いやトラブルが多いのも現実です。そのため、派遣社員の受け入れにあたっては、パートや契約社員とは違った配慮が必要になります。

職場に派遣社員を受け入れる場合には、まずは派遣会社（派遣元）と契約を交わします。派遣契約には、基本契約と個別契約の2つがあります。基本契約では派遣元との取引の基本ルールを、個別契約では派遣社員の具体的な就業条件について定めます。

派遣社員の業務内容、就業場所、就業日、就業時間、指揮命令者などは、いずれも個別契約で決めることになります。基本契約とは違って個別契約を交わすのは法律上の義務ですから、これらの項目がひとつでも抜けることは許されません。

そして、派遣社員を雇用する派遣元が、これらの条件を記載した就業条件明示書を派遣社員に交付することで、派遣社員の勤務がスタートすることになります。

ですから、派遣元、派遣先、派遣社員の三者が、派遣社員の労働条件を知らないことはルール上ありえないはずなのです。

派遣社員から苦情の申し出があったときの対応

それでも、現実には派遣社員から労働条件や待遇について聞かれたり、不満の声があがることもあります。「実際に聞いていた仕事と違う」といったものが、その典型例です。

そんなときのために、派遣社員からの苦情の申し出を受ける者が選任されることになっています。派遣社員から苦情があったときは、不用意に職場の上司や先輩が聞くのではなく、必ず派遣先責任者、苦情の申し出を受ける担当者が対応するようにします。

その上で、派遣社員から派遣先と派遣元が受けた苦情の内容を派遣元に通知し、派遣先と派遣元が十分に連携し、相談し合うことで、問題の解決にあたることが大切です。実際

に、現場で抱え込まずに派遣先と派遣元が連携することで、派遣社員の不満や誤解が解けるということも多いものです。

労働条件や待遇については、本来は派遣元が派遣社員に説明すべきことです。しかしだからといって、質問や苦情を受けた派遣社員は、派遣社員の声をむげにしたり、冷たくあしらうべきではありません。派遣先と派遣元とが連携して派遣社員に向き合う姿を見せることで、派遣社員からの信頼は高まるものです。

派遣先責任者や派遣個別契約社員からの苦情の申し出を受ける者は、必ず派遣個別契約書の記載をすることになっていますので、社内でも周知しておきたいものです。

用語

「基本契約」
派遣元と派遣先が取引を開始するための基本的な枠組みを取り交わす契約のこと。

「個別契約」
派遣社員が派遣先で勤務するための具体的な就業条件を派遣法に従って定めた契約のこと。

最悪こうなってしまう！

派遣社員からの申し出や苦情があったとき、迅速に解決に向けて対応しないと、派遣社員や派遣元との間でトラブルに発展することがあり、最悪の場合、派遣社員本人だけでなく他の派遣社員にも波及しかねません。

また、派遣契約に基づく派遣先責任者、派遣元責任者が適切に苦情処理に対処しない場合には、行政からの厳しい指導を受けることがあります。

法律・ルールはこうなっている！

派遣元と派遣先は、派遣契約の締結に際し、派遣社員の業務内容、就業の場所、指揮命令者などとともに、契約内容に応じて派遣社員の人数を定めなければなりません（派遣法第26条）。

また、派遣先は、派遣契約で定められた就業条件について、指揮命令者等に就業条件を記載した書面を交付し、または就業場所に掲示する等により、周知の徹底を図らなければなりません（派遣先指針）。

第10章 派遣・請負

派遣個別契約に記載すべき事項

- ○ ①派遣社員の業務内容
- ○ ②派遣先の名称、所在地、部署、電話番号
- ○ ③指揮命令者の部署、役職、氏名
- ○ ④派遣期間、派遣就業する日
- ○ ⑤始業終業の時刻、休憩時間
- ○ ⑥安全衛生に関する事項
- ○ ⑦派遣社員からの苦情処理について
- ○ ⑧派遣契約の中途解約にあたって講ずる取り組み
- ○ ⑨紹介予定派遣を行なう場合はその旨
- ○ ⑩派遣元責任者、派遣先責任者の役職、氏名、連絡先
- ○ ⑪時間外・休日労働について
- ○ ⑫福利厚生の便宜供与について
- ○ ⑬派遣期間の制限を受けない業務の場合はその旨
- ⑭派遣社員の人数
  (労働者派遣法による義務事項)

(○=就業条件明示書にも記載すべき事項)

派遣元責任者の役割

- □ 派遣社員であることの明示等
- □ 就業条件等の明示
- □ 派遣先への通知
- □ 派遣先及び派遣社員に対する派遣停止の通知
- □ 派遣元管理台帳の作成、記載及び保存
- □ 派遣社員に対する必要な助言及び指導の実施
- □ 派遣社員から申し出を受けた苦情処理
- □ 派遣先との連絡調整
- □ 派遣社員の個人情報に関すること
- □ 安全衛生に関すること

(派遣元事業所において労働者の安全衛生を統括管理する者及び派遣先との連絡調整)

書式 / 就業条件明示書

就業条件明示書

契約No.
平成 24 年 3 月 25 日

____○○ ○○____ 殿

(所在地) 三重県鈴鹿市◇◇◇町◇◇333
(事業所名) 株式会社◇◇◇◇
(使用者職氏名) 代表取締役 ◇◇ ◇◇
(許可番号) 般 24-○○○○○○

次の条件で労働者派遣を行います。

派遣先				
(名称) 株式会社Nプランニング	(所在地) 三重県鈴鹿市○○町△△1-11			(電話) 059-○○○-○○○○

就業場所			
(名称・所在地) 株式会社Nプランニング 三重県鈴鹿市○○町△△1-11	(部署) 第1業務部内		(電話) 059-○○○-○○○○

業務内容
梱包・納品業務

派遣期間	就業日(休日)
平成24年4月1日 ～ 平成25年3月31日	派遣先カレンダーに準じる

指揮命令者				
(部署) 業務部	(役職) 主任	(氏名) △△ △△		(電話) 059-○○○-○○○○

派遣先責任者				
(部署) 業務部	(役職) 部長	(氏名) △△ △△		(電話) 059-○○○-○○○○

派遣元責任者				
(部署) 派遣事業部	(役職) 部長	(氏名) ◇◇ ◇◇		(電話) 059-◇◇◇-◇◇◇◇

就業時間(休憩時間)
8:00～17:00　　　(休憩時間 12:00 から 13:00 までの 60 分間)

時間外(休日)労働
1日 5 時間　　月 45 時間　　年 360 時間　　月に2日
(休日労働 8:00～17:00の8時間　　)

安全及び衛生
派遣先は労働者派遣法第44条から第47条までの規定する責任を負う

福利厚生
食堂や休憩室の利用可、駐車場の利用可

労働者派遣契約解除に当たって講ずる派遣労働者の雇用の安定を図るための措置
派遣労働者の責に帰すべき事由によらない労働者派遣契約の解除が行われた場合には、派遣先と連携して他の派遣先をあっせんする等により新たな就業機会の確保を図ることとする。また、派遣者派遣契約の解除に伴い派遣労働者を解雇しようとする場合には、少なくとも30日前に予告することとし、30日前に予告しないときは労働基準法第20条第1項に基づく解雇手当を支払うこと、休業させる場合には労働基準法第26条に基づく休業手当を支払うこと、雇用主に係る労働基準法等の責任を負うこととする。

苦情の申出先、処理方法・連携体制
(1)苦情の申出を受ける者
『申出先』(甲 派遣元)

(部署)	(役職)	(氏名)	(電話)
派遣事業部	部長	◇◇ ◇◇	059-◇◇◇-◇◇◇◇

『申出先』(乙 派遣先)

(部署)	(役職)	(氏名)	(電話)
事業部	主任	△△ △△	059-○○○-○○○○

(2)苦情処理方法、連携体制等
① 甲における(1)記載の者が苦情の申出を受けたときは、ただちに派遣元責任者へ連絡することとし、当該派遣元責任者が中心となって誠意をもって遅滞なく、当該苦情の適切かつ迅速な処置を図ることとし、その結果について必ず派遣労働者に通知することとする。
② 乙における(1)記載の者が苦情の申出を受けたときは、ただちに派遣先責任者へ連絡することとし、当該派遣先責任者が中心となって誠意をもって遅滞なく、当該苦情の適切かつ迅速な処置を図ることとし、その結果について必ず派遣労働者に通知することとする。
③ 甲及び乙は、自らその解決が容易であり、即時に処理した苦情の他は相互に遅滞なく通知するとともに、その結果について必ず派遣労働者に通知することとする。

当該業務について派遣先が派遣受入期間の制限に抵触することとなる最初の日
平成27年4月1日

備考

平成24年の派遣法改正は、派遣先にも影響が大きい

　平成24年10月から、改正労働者派遣法が施行されます。日雇派遣の原則禁止やマージン率の公開など、派遣会社の経営に直結する改正内容が数多く盛り込まれていますが、派遣先に与える影響も決して小さくありません。

　1年以内の離職者の派遣受け入れの禁止やグループ企業内派遣の8割規制についてはQ6でも触れましたが、それ以外にもまだまだあります。

　まずは、派遣契約の解除に当たって講ずべき措置。これは、派遣先の判断で派遣契約を解除した際は、派遣先も派遣社員の新たな就業機会を確保に協力し、休業手当の支払いに要する費用を負担する等の措置を講じることを義務化したものです。今までも派遣先指針の中でうたわれていた内容ですが、法律の中に盛り込まれたことで、より派遣先の責任が明確になりました。

　リーマンショック後の生産量の減少による休業や、震災後の節電対策による休業の際もある種の社会問題になりましたが、派遣先の事情で派遣契約が解除されるときは、最もトラブルになりやすい瞬間でもあります。今後は、派遣社員への休業手当に要する金額は、派遣先が負担することを見込んだリスク管理を徹底していくことが大切でしょう。

　そして、労働契約の申込みみなし制度の創設。これは3年遅れて平成27年10月から施行されますが、新聞などでも話題になっている通り、派遣先に最も影響の大きな改正点になります。派遣先が偽装請負などの違法を知りながら派遣社員を受け入れている場合には、派遣先が派遣社員に対して労働契約を申し込んだものとみなすという内容です。

　派遣禁止業務での派遣、派遣期間の制限を超えての派遣、偽装請負といった違法な派遣の受け入れを行なっていた場合は、派遣社員が「これからは派遣先で働きたいです」と申し出ることで、その後は派遣社員が派遣先に雇用される従業員になるという、恐ろしい制度です。

　気がついたら派遣社員が自社の従業員になっていたということのないよう、偽装請負や派遣期間の制限違反にならないための対策には、万全を期していきたいものです。

第10章 Q29

取引先から「偽装請負ではないか」という指摘を受けて困っている。どのように改善したらいい?

自動車関連部品組み立ての下請事業を営んでいます。メーカー関連会社の工場内での派遣業務も行なっていますが、このところ偽装請負のことが社会問題になっており、社内でも心配する声が上がっています。コンプライアンスが叫ばれる時代ですから、請負のあり方について、取引先からもさまざまな指導やチェックが行なわれています。点検事項がクリアできるよう、適宜、作業環境の改善や様式の整備などを進めていますが、まだ満点とはいかない部分もあります。ところが、なぜか取引先からのチェックで問題視されているという噂が飛び交い、社内で「うちは偽装請負なのでは」と不安に思う者まで出始めています。もとより法律は遵守して事業を営んでいるので、とても心外。どのように対応したらいいでしょうか。

会社の立場

テレビや新聞で何かと偽装請負のことが騒がれているが、業界全体のイメージが傷ついているようで、迷惑している。取引先からコンプライアンスの意味で送られてきた書面に過剰反応して、いたずらに不審を抱くことがないようにしてほしい。

VS

非正規社員の立場

うちの会社が偽装請負かもしれないという話を小耳に挟んで、とても不安に思っている。

上司によれば、取引先とのそういったやりとりがあるようだが、大丈夫なら大丈夫で、会社はしっかりと説明してほしい。

第10章 派遣・請負

「偽装請負」とは何か？

「偽装請負」とはよく使われる言葉ですが、実際に意味するところはわかりにくいですね。偽装請負をひとことで説明するなら、形式には請負なのに、実質が派遣だという関係のことをいいます。

請負とは、請負人が注文者の注文に従って、自らの裁量と責任で仕事を完成させる契約のことです。そのため、請負人は注文者から独立して業務の処理にあたる必要があり、注文者は請負人の労働者に指揮命令することはできません。

それにもかかわらず、注文者が請負人の労働者に指示を出したり、管理してしまっていることを、偽装請負といいます。この場合、実質的には労働者派遣の形態になるため、完全な違法行為になってしまうのです。

具体的には、下請会社の従業員が元請（メーカー）から直接指示を受けて仕事をしているようなケースが、これに当たります。たとえ相手が元請の偉い人であったとしても、従業員は自社の上司以外からの指示を受けることはできません。

そのため、就業場所には必ず従業員を管理する現場責任者をおかなければなりません。現場に責任者が存在しない場合は、いくら努力をしても適正な請負とはみなされないのです。

偽装請負というと、小難しい法律の話がされることも多いのですが、まずはこの点を押さえておくのが第一歩です。

派遣と請負を分ける区分基準がある

派遣か請負かをめぐっては、厚生労働省が出している区分基準があります。行政の現場では、この基準に当てはまらないものはすべて派遣だという指導がされています。その柱となっているのは、次の2点です。

① 労働者の労務管理や労働時間、服務規律などの管理をすべて自社で行なっている。

② 独立した事業者として資金調達や法律上の責任を果たし、業務に必要な機会・設備等を自社で調達している。

行政や団体ごとに、数々のチェックリストがつくられていますが、基本的にこの基準がベースになっています。最近では、メーカーなどの派遣先が独自の点検事項を設けて、派遣会社をチェックする例も増えてきています。内容的には、チェックリストを具体化したものと考えてよいでしょう。

区分基準の内容はかなり細かいものですが、基本的には派遣先が派遣社員を直接指揮命令したり、雇用管理していないかを問うものです。それを具体的に確認するための項目が、区分基準でありチェックリストなのです。

ですから、この①②の趣旨がしっかり守られているのであれば、取引先からの指導やチェックをことさらに恐れる必要はないはずです。

ただし、同じ会社で請負業務と派遣業務を行なう場合には、結果として両者が混同してしまい、偽装請負が疑われるようなケースもあります。コンプライアンスに反することがないよう、万全の注意をしていきたいものです。

最悪こうなってしまう！

偽装請負が発覚し、労働者が「他人」から指揮命令を受けていることが指摘されると、労働者供給事業に該当し職業安定法違反になる可能性があります。

この場合の職業安定法の違反の中でも重い罪に問われ、1年以下の懲役又は百万円以下の罰金に処せられます。

最近の例としては、関西電力大飯原発の偽装請負事件では、悪質なケースとして逮捕者までが出ました。

法律・ルールはこうなっている！

労働者供給事業を行ない、またはその労働者供給事業を行なう者から供給される労働者を自らの指揮命令の下に労働させてはなりません（職業安定法第44条）。

請負契約によって作業に従事する人は、雇用契約によって就業する労働者ではないため、労働基準法、労働安全衛生法などの労働法は適用されません。

第10章 派遣・請負

「偽装請負」とは？

請負は、当事者の一方（請負人）がある仕事を完成することを約し、相手方（注文者）がその仕事の結果に対してその報酬を支払うことを約することによって、その効力を生ずる。（民法632条）

注文者（派遣先）が請負人（派遣元）へ直接に指揮命令すると……（＝形式は請負でも、実態は派遣）

⬇

「偽装請負」
（職業安定法第44条違反）

派遣と請負を分ける区分基準

①労働者の労働力を直接利用する
- 業務遂行の指示その他の管理を自ら行なう
- 労働時間等に関する指示等を自ら行なう
- 企業内秩序の維持、確保のための指示等を自ら行なう

②請負業務を契約の相手方から独立して処理する
- 業務に必要な資金を自らの責任で調達・支弁する
- 法律上の事業主としてのすべての責任を負う
- 単に肉体的な労働力を提供するものでない

(!) すべてに該当しない場合は、たとえ形式が請負でも、実態は派遣として取り扱う

（労働省告示第37号）

書式 / 適正な「請負」のためのチェックシート

適正な「請負」のためのチェックシート

(1) 請負契約を交わしている
- ☐ 請負契約書が作られている
- ☐ 労働者の就業管理について注文者が直接指示を行うような事項はない
- ☐ 受託者の瑕疵担保責任や善良な管理者の注意義務が規定されている

(2) 労働者に対する業務遂行方法、業務上の指示その他の管理を自ら行っている
- ☐ 受託者が作業スケジュールの作成を自ら行い、労働者に指示している
- ☐ 労働者の人数・配置・変更等の指示をすべて受託者が行っている
- ☐ 受託者が業務の処理方法を自ら定め、労働者に指示している
- ☐ 労働者への業務の技術指導や指揮命令はすべて受託者が行っている
- ☐ 欠勤等があった場合の人員配置は、受託者が自ら指示・配置をしている
- ☐ 仕事の完成や業務処理方法の教育・指導は受託者自らが行なっている
- ☐ 受託者が労働者の能力評価を自ら行い、発注者に資料等を提出することはない

(3) 労働時間等に関する指示その他の管理を自ら行っている
- ☐ 注文者の就業規則をそのまま使用したり、適用を受けることはない
- ☐ 時間外・休日労働は、業務の進捗状況をみて受託者が自ら決定し、指示している
- ☐ 労働者の休暇や早退の承認を受託者が自ら行っている
- ☐ 発注者が受託者の労働者の労働時間の把握・確認・計算等を行うことはない

(4) 企業における秩序の維持・確保のための指示その他の管理を自ら行っている
- ☐ 発注者から直接受託者の個々の労働者の能力不足等の指摘を受けていない
- ☐ 注文者が受託者の労働者に誓約書等を提出させていない
- ☐ 注文者の朝礼やミーティングへの参加が強制されていない
- ☐ 注文者が受託者の労働者に服務規律についての注意・指導を行うことはない
- ☐ 注文者が受託者の労働者に服務規律違反による懲戒処分等を与えることはない

(5) 要員の配置決定・変更を自ら行っている
- ☐ 受託者が、労働者の指名・分担・配置・変更等の決定を自ら行っている
- ☐ 注文者が受託者の労働者の履歴書の提出を受けたり、面接を行うことはない
- ☐ 注文者や注文者の従業員と作業員との間に使用従属的な関係がない

(6) 業務の処理に必要な資金を自らの責任で調達・支弁している
- ☐ 労働者の業務遂行に必要な通勤費・交通費・旅費等を注文者に請求することはない
- ☐ 受託者が、資材・材料・原料・部品等を注文者から無償で提供されていない
- ☐ 労働者の宿泊施設・給食費等を注文者から無償で提供されていない

(7) 業務処理について民法・商法その他の法律上の事業主責任をすべて負っている
- ☐ 業務の処理について、受託者に契約違反があった場合の損害賠償規定がある
- ☐ 受託者の労働者が注文者または第三者に損害を与えた場合の損害賠償規定がある
- ☐ 受託者が、作業員の安全衛生の確保・管理責任を負っている
- ☐ 作業員の出退勤・労働社会保険・その他の事務処理・届出等を受託者が行っている

(8) 単に肉体的な業務の独立処理の提供になっていない
- ☐ 処理すべき業務を、①受託者が調達する設備・機器・材料・資材を使用しているか、または注文者から調達する場合は無償で使用していない、②受託者独自の高度な技術・専門性等で業務処理しているか、いずれかに当てはまる
- ☐ 注文者からの受け取り、受託者からの受け渡しは、伝票等により処理している
- ☐ 受託者の労働者と注文者の労働者が混在・共同して作業をしていない
- ☐ 請負代金は、単価×人数×日数（時間数）になっていない
- ☐ 労働者の欠勤・遅刻等による作業時間の減少に応じて請負金額が減額されない

請負契約を簡単に考えると大変なことに……

　ある物流倉庫の運営会社では、自社の従業員だけでは物流量の変動に対応できないため、複数の下請会社に現場の一部を委ねていました。
　Ａさんが管理責任者を務める会社も、そのうちの１社です。
　現場の責任者になってまだ日が浅いＡさんでしたが、もともと親会社との信頼関係が堅かったこともあり、会社から現場管理の裁量のほとんどを任されていました。
　ところがある日、突然に重大な事態が訪れます。作業現場に行政の立ち入り調査が入ったのです。同じ倉庫内で請負を行なう会社に指導が入ったことから、現場に関係する会社がいっせいに調べられることになりました。
　親会社でもコンプライアンスの厳守がうたわれていたことから、世間を騒がしていたいわゆる偽装請負への対策も講じられていました。今までに何度となく現場管理に関する管理者間の協議の場が設けられ、安全衛生についての現場教育も徹底されていたのです。
　ところが調査では、請負契約書や親会社との実際の書類の受け渡しについて、不備を指摘されることになりました。民法上は請負契約の形式は自由であり、そもそも書面で交わす義務はありませんが、実態と乖離した内容の契約はもちろん問題となってきます。
　Ａさんの会社の場合、もともと親会社との厚い信頼関係のもとに業務が行なわれていたため、10年以上も前に交わした雛型的な覚書が、そのまま保管されているという状況でした。
　その内容は、親会社が現場作業者に指示したり、親会社の設備や器具を無条件に使用するなど、請負のあるべきルールに照らしても根本的に問題のあるものだったのです。
　今回は実態について丁寧に説明し、親会社の協力も受けることで、最終的には特に指導を受けるようなことはありませんでした。それでも、現場の作業員への影響も少なからずあったと振り返るＡさんは、次のように語ります。
　「これからは長年のお付き合いに甘んじることなく、契約関係全般をしっかりと整備していかないといけないですね」。

第10章 Q30

個人請負の職人さんに仕事をお願いしているが、役所から実態を問われた。どのように対応すればいい？

主に会社や店舗の工事を請け負う電気工事業を営んでいます。数年前に法人化しましたが、私と妻以外に従業員は2人で、あとは外注の請負さん4人ほどに仕事をお願いしています。請負さんは経験豊かで真面目な人ばかりで、お客様との信頼関係もできているので、とても助かっています。

ところが先日、ある役所の調査のときに外注のことが問題になり、請負は実態が労働者である可能性があるという指摘を受けました。

そのときはサブ的な話題であったこともあり、特に問題にされることはありませんでしたが、このあたりの法律が全然わからない私としてはとても心配です。

今後、会社としてはどういった点に気をつけていったらいいのでしょうか。

会社の立場

今までずっと外注さんとして仕事をお願いしているし、きちんと請負契約も交わしているはず。

それがいきなりうちの従業員だというような指摘をされても困るし、まったく納得がいかない。

非正規社員の立場

たしかに外注として仕事をさせてもらっているが、日報を書いたり、そのつど指示を受けるなど、従業員と変わらない扱いを受けている気がする。

請負契約というのなら、それにふさわしい対応をしてほしいと思う。

VS

第10章 派遣・請負

「請負さんだから大丈夫」は禁物

請負契約を交わして、今まで外注の請負さんとして仕事をしてもらっていた人が、実は自社の労働者だった。こんなことが本当にあるのでしょうか？

法律上は、労働者は形式ではなく実態で判断されます。ですから、いくら請負を称していたとしても、実際の働き方や現場管理のあり方によっては、行政や裁判所から労働者だと判断されてしまうケースもあるのです。

労働基準法の労働者とは、次の要件を満たす者だとされています（昭和60年労働基準法研究会）。

① 使用者の指揮監督下で労働に従事している。
② 労務提供の対価として賃金をもらっている。
③ 個人事業主としての性格を持っていない。

この基準によれば、現場で発注者から指示を受けていたり、時給制や日給制などでいわゆる賃金をもらっていたり、材料や機械をもっぱら注文者に依存していたりする場合には、労働者だと判断されてもおかしくないのです。

請負の実態が労働者だということになると、労働・社会保険への加入や残業・休日出勤手当のほか、有給休暇や解雇予告手当などを与えなければならないことになります。会社が抱えるリスクは決して小さくないのです。

こんな問題を避けるための第一歩が、当事者の意思を盛り込んだ請負契約です。少なくとも発注者が作業方法について指示したり、時間や場所を拘束せず、賃金ではなく請負金額を支払うといった点を、契約書において明確にしておくことが最低限必要だといえるでしょう。

個人請負も労働組合に入る？

ところが、しっかりと契約書を交わして、請負の扱いをしていたとしても、絶対安心とはいいきれません。請負についての判断や評価は、軒並み厳しくなってきているからです。

最近は個人請負でも労働組合に入る時代です。そし

て、ここ数年の間に、請負人の労働組合活動を肯定する最高裁判決が相次いで出されています。

つまり、明らかに労働者ではなく請負人であったとしても、組合活動を通じて就業条件や賃金（報酬）について、会社と交渉することは認められるケースがあるということです。

この場合は、③の要素がより重要視されます。その意味では、業務で使う機械や器具を自ら確保し、独自に商号を用い、許認可を取得しているなどといった点が、とても大切になってきます。

極端ないい方をすれば、法人組織にして従業員を雇用しているような例でなければ、個人事業主として会社と団体交渉に臨んでくる可能性は否定できないのです。

残業代とか有休の問題ではなく、雇う側と雇われる側との労働条件をめぐる交渉ですが、それにしても会社が抱えるリスクは大きいと思います。

「請負さんから急に団体交渉を迫られた」ということのないよう、十分注意していきたいものです。

最悪こうなってしまう！

個人請負の実態が事業者ではなく労働者だと判断されると、労働基準法や社会保険・労働保険の諸制度が適用されることになります。

悪質だと判断された場合は、未払いの残業代や社会保険料・労働保険料を過去2年分にさかのぼって支払わなければならないため、会社の負担額は、1人あたり数百万円にも上るケースがあります。

法律・ルールはこうなっている！

「労働者」とは、職業の種類を問わず、事業又は事務所に使用される者で、賃金を支払われる者をいいます（労働基準法第9条）。

また、労働組合法では、「労働者」とは、職業の種類を問わず、賃金、給料その他これに準ずる収入によって生活する者をいいます（労働組合法第3条）。

第10章 派遣・請負

労働基準法の「労働者」とは？

❶ 使用者の指揮監督下での労働

❷ 報酬の労務対価性

❸ 事業者性の有無

⚠ これらの要素を満たさないと残業手当、有給休暇、解雇予告などが必要になる

(昭和60年労働基準法研究会)

労働組合法上の「労働者」とは？

❶ 事業組織への組み入れ

❷ 契約内容の一方的、定型的決定

❸ 報酬の労務対価性

⚠ これらの要素を満たさないと労働組合の団体交渉等の対象になる

(平成23年労使関係法研究会)

書式 / 個人請負性のチェックシート

個人請負性のチェックシート

- ☐ 仕事の依頼、業務の指示について諾否の自由がある
- ☐ 「使用者」から指揮監督を受けていない
- ☐ 「使用者」からの命令、依頼により、通常業務以外の業務に従事することはない
- ☐ 勤務場所、勤務時間が指定されたり、管理されていない
- ☐ 本人に代わって他人が労務を提供することが認められている
- ☐ 「労働の代償」として賃金を支払われているわけではない
- ☐ 業務に必要な機械、器具等を負担している
- ☐ 報酬の額が正規従業員と比べて高額である
- ☐ 独自の商号を使用している
- ☐ 他社の業務に従事することが制度上制約されていない
- ☐ 報酬に固定的部分があるなど、生活保障的要素がない
- ☐ 採用、委託等の選考は正規従業員の場合とは異なる
- ☐ 報酬は源泉徴収を行っていない
- ☐ 労働保険の適用対象でない
- ☐ 服務規律は適用されていない
- ☐ 退職金制度や福利厚生は適用されない

（昭和60年労働基準法研究会報告より作成）

「外注さん」のつもりが実は労働者だった

「この追加の作業は、なんとか今日中に終わらせてもらわないと困るよ〜」。
「わかりましたよ。でも、その分の残業代はちゃんともらいますからね……」。
　会社と個人請負さんとのこんな会話。もしかしたら、世間のあちこちで交わされているかもしれません。
　Ａさんが経営するリフォーム会社で個人請負として働くＢさんは、この道20年のベテラン。技術には自信があることから、いつもフットワークよく仕事に励んでいました。もともとＡさんとの個人的なつながりで仕事を手伝ってもらうことになったという経緯もあり、Ｂさんとの間では特に契約といったものは交わしたことはありません。請負さんという扱いで半独立的な立場で仕事をしてもらう一方、他の従業員と同じように日報を書いてもらったり、Ｂさんの請求に応じて残業代を支払ったりしているというのが現状でした。
　そのため、冒頭のようなやりとりはまさに日常茶飯事でした。個人的な信頼関係で仕事に関わっていたため、お互いにそうした掛け合いを疑問に思ったことはなかったのです。
　ところがある日、Ａさんが同じ業界の社長仲間から、こんな話を聞かされます。
「ついこの間、役所の調査を受けたけど、職人さんの件であれこれと厳しい指摘を受けたよ。Ａさんのところは、大丈夫なの？」。
　不安になったＡさんは、その社長から詳しい話を聞き出しました。請負さんでも、そのつど作業について指示したり、残業代を払っていたり、会社の備品を自由に使っていたりする場合は、労働者の扱いになってしまうらしい。（Ｂさんとあんな会話をしているようでは、大丈夫とはいえないかも……）。
　危機感を持ったＡさんは、さっそく専門家を呼んで会社の現状についてアドバイスをもらうことにしました。請負契約を整備するのはもちろん、Ｂさんの働き方についてもルールを作ったのです。
　数か月後、偶然にも別の役所の定期調査を受けることになりましたが、まったく問題なく終わりました。「知らないことはこわいことだと痛感したよ」とＡさんはいいます。

Q 多くの経営者の方と接しておられる中で、パートの活用に成功している会社には、どんな例がありますか？

A 皆さんそれぞれ工夫されているようです。ひとくちにパートといっても、会社の仕事の内容、年齢層などいろいろな要因により違ったやり方をされているようです。その中でも、パートさんとの人間的な繋がりを重視している会社は、うまくいっていますね。

Q 逆に、パートの活用に失敗したり、トラブルを抱えている会社には、どんな例がありますか？

A 経営側とパートさんとの意思疎通が少ないところは、やはり結果的にトラブルを抱えることも多いように思います。管理者がパートさんの名前を覚えていなかったり、社長が新しく入社した人の存在すら知らない場合などは、距離ができてしまうことも多いですね。

付録 パート・アルバイト活用インタビュー ①
株式会社メディアボックス代表取締役　豊田昭さん

Q 豊田さんの会社では、パート・アルバイトの方々がどのようなお仕事をされているのか、簡単にお教えください。

A 当社の従業員は、ほとんどがパートさんです。各部門に分かれた仕事をそれぞれにこなしてもらっています。急に欠勤した時には誰でもバックアップできるよう、担当業務以外でもひと通りの仕事ができるように教育しています。

Q パートを活用されていく上で工夫されていること、あるいは苦労されていることがありましたら、お教えください。

A 当社はパート、派遣社員のすべてが女性ですので、親睦的な要素として、血液型や占いなどを一部取り入れています。また、社内での陰口や誹謗中傷はご法度としています。パートさんの場合は、どうしてもご主人の転勤などで辞めることも多いのですが、少しでも長く勤めてもらうための当社なりの工夫です。

Q 逆に活用に失敗したり、トラブルを抱えている会社には、どんな例がありますか？

A 安価な労働力という理由で採用して、雑用係としてしか見ていないとか、気に入らなかったら辞めればいいと思っているような例ですね。そういった会社には、必ず何らかのエラーを抱えていると思います。

Q 米津さんのお仕事の立場から、会社がパート・アルバイトを活用して成長するためのポイントについて、アドバイスをお願いします。

A まずは経営者も正社員も、人間としては同じだという、意識から変えること。そして、チーム制を取り入れ、10人以下の小集団活動で、ワイワイ楽しく仕事に向き合うことが考えられます。教育については、正社員と同等ではないにせよ、一定の研修やトレーニングは必要。教えるのではなく気づかせることが大事だと思います。その上で、情報共有をはかり、会社やお店に対してありのままに話せる環境を整える。仕事のやり方を細かく指示するのでなく、任せてみて、やり方を考えさせるのがポイントだと思います。

付録 パート・アルバイト活用インタビュー ②
よねづ税理士事務所　米津晋次さん

Q 米津さんのお仕事がら、パート・アルバイトを雇用する会社との接点について簡単にお教えください。

A 私の事務所は正所員のみですが、お客様には、パート・アルバイトを雇用しているところがかなり多いです。特に、飲食店に多い傾向があります。

Q 多くの経営者の方と接しておられる中で、パート・アルバイトの活用に成功している会社には、どんな例がありますか？

A パート・アルバイトであっても、取引先・お客様にとっては、会社・お店の代表であることを意識して、接客指導に力をいれている例。また、個人の能力を信じて、パート・アルバイトであってもある程度の仕事を任せ、やる気をうまく引き出している例などがあると思います。

Q 逆に、非正規社員の活用に失敗したり、トラブルを抱えている会社には、どんな例がありますか？

A 契約社員については、コミュニケーション不足による認識の相違からくるトラブルや、雇用契約書の未締結・内容不備による契約期間満了時のトラブルが本当に多いですね。いうまでもないことですが、正社員とは異なった労務管理が必要だと思います。

Q 成澤さんのお仕事の立場から、会社がパート・アルバイトを活用して成長するためのポイントについて、アドバイスをお願いします。

A まずはパート・アルバイトを仕切る人材がしっかりいること。その上で、コミュニケーションを密にしていること。パート・アルバイトも働く上では大事な戦力である（単なるコマではない）ということを伝えていること。これらの点がとても重要だと思っています。

付録　**パート・アルバイト活用インタビュー③**
なりさわ社会保険労務士事務所　成澤紀美さん

Q 成澤さんのお仕事の内容や、契約社員や派遣社員などの非正規社員を雇用する会社との接点について、簡単にお教えください。

A 経営者や実務担当者からの労務相談の中で、パート・アルバイトといった非正規社員に関する内容は多いです。年々、深刻な案件が増えてきているように思います。

Q 多くの経営者の方と接しておられる中で、非正規社員の活用に成功している会社には、どんな例がありますか？

A 非正規社員が行なうべき業務内容や職務責任が明確になっている。そして、契約社員については、正社員と同様もしくは正社員に近い扱いをしている。これができている会社は、やはり従業員との信頼関係が堅いですね。そうすると自然に、従業員自身が、非正規社員だからといって消極的になるのではなく、会社や業務に対して積極的になっていくように思います。

おわりに

最後までお読みいただきまして、ありがとうございました。

この本を執筆するときに最初に考えたのは、「だれよりもパートやアルバイトの立場を理解する経営者・上司の目線で書こう」ということです。

私は、学校法人、ペンション、レストラン、学習塾、子供服販売、法人営業など20種近くの職業を経て、今の仕事に携わっています。

かつては10年近くに渡ってパート、アルバイト、契約社員として働き、それらの非正規社員を指導監督する店長、エリアマネージャーなども経験しました。

本文では、会社VS非正規社員という構図の中で、会社を守るためのポイントやエッセンスをお伝えしてきましたが、その背景には、パートやアルバイトへの経営者の想いや気遣いを常に根底に置いています。

会社やお店を守るためには、さまざまな法律やルールを押さえておく必要がありますが、それだけでは不十分なことは、あなたもお気づきの通りです。

経営者・上司の目線から、「だれよりもパートやアルバイトの立場を理解する」こと。

この点なくしては、どんなアイデアや秘策だったとしても、人が育ち、分かち合える職場には

結びつかないことを、私自身も身にしみて痛感しています。

「法律やルールの理解」と「立場の共有や共感」の両方の側面があって、初めてトラブルから開放された、モチベーションの高い職場が実現するのだと思います。

何かが起こってしまってからの〝治療〟型ではなく、未然に防ぐ〝予防〟型の会社運営をしていただけるようにというのが、私の一番の願いでもあります。

そして、それはかつての仕事であった店舗管理業務において、法律も知らず、必要なノウハウも持たないばかりにひとりで悩んでしまっていた、自分自身へのアンサーとなることに不思議な縁と喜びを感じています。

最後になりましたが、この本の執筆にあたっては、本当に多くのみなさまのお世話になりました。何から何までお世話になった同文舘出版の竹並治子さん、日々の忙しい教務の中、協力してくれたスタッフの岡本妙子さん、本当にありがとうございました。なによりクライアント様のご協力をなくしては、この本を書くことは決してできませんでした。あらためてお礼申し上げます。

2012年 8月

人事コンサルタント　山野　陽子

■著者略歴

小岩　広宣（こいわ ひろのり）
特定社会保険労務士、社会保険労務士法人ナデック代表社員、株式会社ナデック代表取締役。
1973年8月、三重県鈴鹿市生まれ。皇学館大学大学院文学研究科修了。派遣社員を経験することで自分を認めてくれる職場に出会った経験から、非正規社員を戦力とする仕組みづくりを目指して、社労士として独立。非正規社員を活用するサービス業や製造業の企業を中心に年間約100社の支援に取り組む。数人から数百人の非正規社員を抱える企業の労務管理に携わり、改正労働者派遣法や労働契約法への実務対応やコンプライアンス対策のために全国を奔走する。トヨタ自動車や各地の商工会議所などでもセミナー講師をつとめ、「産経新聞」「女性自身」「BIG tomorrow」「人材ビジネス」などメディア実績多数。著書に、『派遣社員のためのリスク管理と上手な働き方』（同文舘出版）、『人材派遣・職業紹介』（技術評論社）、『「非正規」雇用、ここが問題です！』（共著、実務教育出版）などがある。

山野　陽子（やまの ようこ）
人事コンサルタント（日本マンパワー認定）、株式会社ナデック取締役。
1964年9月、三重県津市生まれ。学校法人、ペンション、レストラン、学習塾、子供服販売など20種近くの職業を経て、社労士事務所に入所。事務職経験ゼロから社労士業務を猛烈にマスター。豊富な職業経験と持ち前の行動力を生かし、人事コンサルタントとして活躍。同世代の中小・零細企業の経営者や管理者と悩みを共有し、パートや派遣社員などの非正規社員を有効活用するための提案に奔走する。最近は、中小企業の経営幹部や店長のための社内セミナーの講師をつとめ、わかりやすくユーモアあふれる話しぶりから、好評を得ている。

■連絡先

社会保険労務士法人ナデック
〒510-0244　三重県鈴鹿市白子町2926　パレンティーアオフィス101号
TEL：059-388-3608　FAX：059-388-3616
HP：http://www.nudec.jp/

トラブルを防ぐ！ パート・アルバイト雇用の法律Q&A

平成24年9月26日　初版発行

著　者	小岩広宣・山野陽子
発行者	中島治久
発行所	同文舘出版株式会社
	東京都千代田区神田神保町1-41　〒101-0051
	電話　営業03(3294)1801　編集03(3294)1802
	振替00100-8-42935　http://www.dobunkan.co.jp

©H.Koiwa／Y.Yamano　ISBN978-4-495-59961-4
印刷／製本：萩原印刷　Printed in Japan 2012

こんなときどうする? を解決する安心知識
労働基準法と労使トラブルQ&A
久保社会保険労務士法人監修

労働基準法は、従業員が安心して働くためのルール。どんなことが法律違反になるのか? よくある現場トラブルにはどう対応すればいいのか? をきっちり押さえられる一冊

本体 1,600 円

会社と従業員を守るルールブック
就業規則のつくり方
久保社会保険労務士法人監修

服務規律、労働時間、賃金・賞与・退職金、解雇・懲戒など、すぐに活用できる規定例が満載。規定ごとのトラブル回避、従業員のモチベーションアップのポイントがよくわかる!

本体 1,600 円

知りたいことだけスグわかる!
社会保険・労働保険の届出と手続き
久保社会保険労務士法人監修

フローチャートで手続きの流れを一目で確認できる! 書式サンプルで書き方のポイントを正しく押さえる! 基礎知識がしっかり身につき、場面別で逆引きもできる一冊

本体 1,500 円

ミスなく進める!
給与計算の実務
久保社会保険労務士法人監修

初めてでも、ひとりでも、まよわずスムーズに給与計算の実務ができる。「凡ミスチェック」で間違いやすいポイントを見逃さない&計算例満載で給与計算のしくみがやさしく学べる!

本体 1,500 円

同文舘出版